U0097672

在錯誤的道路上，奔跑也沒用！
我寧願要模糊的正確，也不要精確的錯誤！
用我的想法和你們的錢，我們會做得很好！

# 巴菲特
# 投資神手

管唯中　編著

# Foreword
# 前言

我始終知道我會富有，
對此我不曾有過一絲一毫的懷疑。

——巴菲特

在這個世界上，能以「投資」為事業，而以一個人的智慧和力量，贏得億萬財富的人，除了沃倫．巴菲特之外，實在沒有太多人能做到。

沃倫．巴菲特之所以能成功地做到以他個人的智慧和力量贏得億萬財富，與他的價值投資理論不無關聯。價值投資理論雖然不是沃倫．巴菲特所創立，但在使用這個理論上，確實沒有幾個人能與之匹敵。

所謂的「價值投資」的實際表現就是抓住一個有價值的企業——即「尋找價值相對於價格具有一個顯著的安全邊際」。買入股票後長期持有，甚至把握市場波動的機會不斷增持。

沃倫・巴菲特說：「金融危機發生的時候，很多人都嚇怕了，但是我卻在想，在這個時候是不是能夠以更低的價格去買一樣好東西呢！」——答案是肯定的，沃倫・巴菲特最終獲得滾雪球式的超額回報。

一九八九年的某一天，當時美國資產規模最大的基金公司是麥哲倫基金。該公司的基金經理是彼得・林奇，他專程去拜訪巴菲特，想看看比他管理的資金規模更大、業績更好的股神巴菲特，是怎樣做投資的？

彼得・林奇吃驚地發現，沃倫・巴菲特的辦公室不是在繁華的紐約華爾街，而是在美國中部的一個小城市奧馬哈，人口只有40萬人，在地大物博的美國，它真是一個好小的小城。

更讓彼得・林奇想不到的是，沃倫・巴菲特管理的資產規模比他大得多，但公司總部員工卻少得多，只有11個員工。要知道，在世界五百強企業排名上，沃倫・巴菲特的公司規模比中國石化還要大。

彼得・林奇跟沃倫・巴菲特手下的11個工作人員，打過招呼之後，來到了巴菲特的辦公室。推門一看，房間不大，只有二十多平方米，左邊是

一排書架，上面有幾本書，右邊是幾個文件櫃，裝滿了上市公司年報等資料。彼得．林奇左看看，右看看，上看看，下看看，越看越納悶。

彼得．林奇不禁好奇地說：「哎，巴菲特先生，你的辦公室裡怎麼沒有電腦，難道你不看行情嗎？」

沃倫．巴菲特聽了，笑一笑，說：「我從來不關心股價走勢，沒有必要關心，而且也許還會妨礙我做出正確的選擇。」

彼得．林奇聽了直搖頭：「真沒想到，你管理著上千億美元資金，竟然根本不用電腦，根本不看行情。」

會把財富越做越大絕對是滾雪球高手。財富無處不在，全憑你的慧眼發現。財富的積累與創造關鍵在於獨到的方法與本領，為什麼屹立於群山之巔的財富巨人能一覽眾山小，鳥瞰芸芸眾生，把世界的大部分財富攬於懷中。他們對財富攝取的方式方法向人們提供了全新的思路與方略。

會斂財的是庸才，會聚財的是巨人。巴菲特認為：會滾雪球的高手才能領略滾雪球間的樂趣與奧妙，當財富還如雪花一樣散落於各個角落，我們何不也去做一個滾雪球的高手呢！

## CHAPTER 5

## 「價值投資」巴菲特的老師格雷厄姆等大師

CHAPTER 6

## 賺錢的方法有千萬種



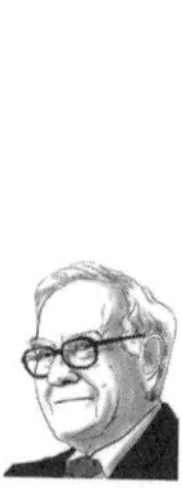

第1章

# 股神巴菲特的傳奇

今天人們都把目光投向了一個叫巴菲特的「先知」。他的一舉一動都被媒體捕捉、放大，被人們分析背後的深意。

實際上，自從上世紀50年代開始搞投資以來，巴菲特就已經成為一個不可超越的神話。除了被公認為「股神」以外，他還有其他外號，如「投資之神」、「奧馬哈的先知」。

他是唯一一個不幹實業，光靠投資就成為世界首富的人。

到現在，儘管全球經濟形勢如此不好，他依然憑藉735億美元的身家，名列富比士全球富豪榜第四名。

巴菲特的人生，是一個人人都想探究的傳奇。

他和查理．芒格的絕世友誼，堪稱世界商業史上朋友合作的最佳典範，令每一個想找商業夥伴或人生知己的人都羨慕不已。

他幾十年公開保持一妻一情人的三人婚姻生活，卻居然沒有引起人們的注意，更沒有招致道德上的指責。

作為全球最有錢人之一，他依然還住著60多年前花3萬多美元買的小房子，自己開著便宜的小汽車去上班。

他每天要喝5大杯可樂、最喜歡吃麥當勞的垃圾食品和Dairy Queen的甜食，90歲高齡卻依然言辭敏捷，精神矍鑠。

但是除了這些逸聞趣事之外，更多人想知道的是：

巴菲特到底是怎麼起家的？
他的發財之路有沒有可供借鑒之處？
他的投資和人生哲學能不能給我們一些啟發？
今天，我們就一起來扒一扒有史以來最成功的投資人，巴菲特的故事。

## 一、巴菲特的家世

在美國廣袤的中西部，有一片高原平地，原是北美印第安人的棲息地，現在叫內布拉斯加。

在內布拉斯加東部，密蘇裡河的西岸，曾經有一個印第安人部落，叫「陡岸上的居民」，發音是Omaha，即奧馬哈。後來美國人趕走了印第安人，但是留下了部落的名字，新建的城市就以此為名。

早在美國南北戰爭後不久，巴菲特的曾祖父西德尼就來到奧馬哈，以開雜貨鋪為生。

西德尼之所以跑到剛剛才建立沒多久的奧馬哈，是因為實在受不了老東家的壓榨——他此前在一家農場幫工，農場主是個臭名昭著的吝嗇鬼——這個吝嗇鬼儘管是西德尼的親爺爺，卻給他開出難以忍受的低工資。

不過，西德尼雖然逃離了吝嗇的爺爺，卻把他吝嗇的作風傳承到家族裡，此後他的兒子歐尼斯特和曾孫子沃倫．巴菲特，也都是遠近聞名的吝嗇鬼。

歐尼斯特是巴菲特的親爺爺，16歲開始在西德尼的店裡幫工，後來父子倆人不和，他就自己在城市的另一邊新開了一家店。

歐尼斯特的開店能力比父親要厲害，新店生意很是興隆，漸漸成為奧馬哈有名的雜貨鋪。而歐尼斯特為了省錢，讓家裡孩子從小就去幫工。他很好地繼承了祖訓：對員工十分嚴厲，工作時間特別長、工資特別低，而且一天到晚都盯著員工，生怕他們偷懶一分鐘。

巴菲特和他日後的終生摯友芒格，小時候就先後在歐尼斯特的店裡打過工。歐尼斯特要求孩子們每天工作12個小時，期間不能吃飯，不能休息，工錢還少得可憐。這個刻薄的老頭子，成為以後巴菲特和芒格回憶童年時，經常一起吐槽的共同談話對象。

吝嗇老頭歐尼斯特信奉的是艱苦工作，一個子兒一個子兒地拼命省錢。他的兒子霍華德本來想投身於新聞，但歐尼斯特卻認為新聞行業光有名氣，沒有油水，堅持讓他去賣保險（雜貨店由另一個兒子繼承了，所以霍華德必須得自謀職業）。

霍華德正是巴菲特的父親。他小時候得過小兒麻痺症，所以走路有點跛。加上老爹太摳，他從小都是撿哥哥們剩下的衣服穿，在中學曾經備受歧視。

不過進入內布拉斯加大學之後，他很快憑藉出色的才華而成為校園名人，並吸引了一位小自己兩屆的學妹。

學妹名叫利拉，是一位智商極高的女孩，被學校的數學教授認為是天才。但她家庭貧困，進入大學的第一目的，就是找一名如意郎君。利拉到學校的報社去應聘，正好霍華德作為校報的編輯面試她，倆人一見鍾情。

霍華德畢業之時，利拉才讀大二。但他倆決定結婚。利拉二話不說就辦理了退學，這讓賞識她的那位數學教授大為沮喪。

當時美國正值一九二〇年代「柯立芝繁榮」的巔峰時期，霍華德遵從父命幹了兩年保險工作後，眼紅股票市場的瘋狂，就跳槽去做股票經紀人。這讓歐尼斯特大為不滿，在他看來，炒股和賭博沒什麼兩樣。但霍華德這回沒有聽老頭的。

所謂不聽老人言，吃虧在眼前。霍華德入行後不久，就迎來一九二九年開始的大蕭條，股市一落千丈，霍華德連飯都吃不上了。

大蕭條是美國歷史上最慘烈的一次經濟危機，四分之一的人失業，無數家庭陷入困頓。霍華德和利拉的小家庭也不例外。

而就在這樣的境況之中，一九三〇年八月，他們的第二個孩子出生。這個孩子就是沃倫・巴菲特，他早產了一個多月，體重只有二千七百克。

為了養活孩子，走投無路的霍華德不得不放下面子去求助父親，希望能在雜貨鋪打工賺點錢。但歐尼斯特告訴他，雜貨鋪已經雇不起多餘的夥計了，只能請他另謀出路。

當時的困難到什麼程度呢？霍華德整整4個月才做了一單生意，拿到5美元的傭金。利拉有時候自己餓著不吃飯，只為了讓霍華德能有口吃的。由於出不起輪流請大家喝咖啡的29美分，利拉作為一個虔誠的教徒，連教友聚會都不參加了。

在巴菲特將滿周歲之前，霍華德打工的公司徹底倒閉了。

沒辦法，他只好和兩個同夥一起開了一家新的股票經紀公司，試圖最後一搏。

也許是被逼到極限以後，人就會爆發出無窮的能量；也許是運氣終於開始眷顧了這個可憐的小夥子。一個月後，霍華德居然賺了四百美元，全家的生活，從此開始好轉。

此後，生意越做越大，他們再也沒有受過之前的那種苦。不過，困頓的生活給霍華德留下深刻印跡。有錢之後，他買下了一個農場來防止以後可能會發生饑荒，還會在閣樓上放一大袋糖，以防出現最糟糕的情況。

## 二、少年巴菲特

巴菲特雖然還是個小寶寶，卻似乎特別能體諒父母的艱辛，他從小就很乖巧，被公認為最讓大人省事的小孩。

當父母忙的時候，隨便給巴菲特一個什麼玩具（例如一把牙刷或一個布偶），他就能安靜地玩半天。

這份安靜和懂事，對一般的家庭來說，可以說是「值得欣慰」；但是對霍華德和利拉來說，可以用「謝天謝地」四個字來形容。

因為，這意味著巴菲特沒有遺傳上利拉家族的遺傳性精神病。

利拉的外婆、媽媽和妹妹都是精神病患者，好幾位親人也因精神病而自殺；而利拉本人，性格也常常很偏激。這種性格讓巴菲特一生受到無盡的折磨。

利拉從來不和孩子說「我愛你」，更不用說抱孩子上床入睡，或給一個甜甜的晚安吻了。她只會不斷訴說自己的苦楚和委屈，然後對孩子施加無休止的指責，把他們貶得一無是處，直到孩子們低頭認錯，留下了無助的眼淚，她才會結束刻薄的數落。

巴菲特一直都認為母親患有狂躁型抑鬱症——雖然並沒有去醫院檢查，但是症狀是如此明顯。他總是避免和母親待在一起，如果實在沒辦法避免，他就會像啞巴一樣，一言不發。母親去世時，巴菲特大哭一場，卻不是因為傷心，而是因為解脫。他說：「母親留給我的，全都是不好的回憶。」

但巴菲特說的顯然太過偏頗。我們可以公平的說，母親留給他的，至少還有一樣東西：超高的智商。

利拉本人的智商未見媒體透露，只知道她的妹妹柏妮絲智商高達139，還被認為是家裡最笨的一個，而利拉則是最聰明的那個。利拉所生的巴菲特姐弟三人，智商都在148以上，巴菲特本人是152。

從母系那裡遺傳的超高智商，加上從父系那裡遺傳來的超級愛財守財的性格，是巴菲特能把投資玩得這麼溜、賺到那麼多錢的基本素質。

巴菲特對錢的喜愛和擅長從很小就顯露出來。小時候，他最愛的玩具是存錢罐，最愛玩的遊戲是與數字有關的一切活動，稍微長大一點就收藏郵票和錢幣。

7歲時，當其他孩子還在看小紅帽和大灰狼的故事時，巴菲特從圖書館借來的書卻是：《賺到1000美元的1000種方法》。

這本書介紹了一些普通人怎麼發財的案例。7歲的巴菲特看完之後，心潮澎湃，大聲向家人宣佈，我一定要在35歲之前，成為百萬富翁！

巴菲特開始了他人生的第一筆生意——從爺爺家進了一批口香糖的貨，然後挨家挨戶去鄰居家推銷。

哪怕是年紀那麼小的時候，巴菲特做生意就十分有原則，自己認可的規則，會堅持到底。當時鄰居一位太太想要把一包五片裝的口香糖拆開來，只買其中一片。巴菲特堅持不肯，一定要五片一起賣——這個細節，一直到巴菲特80多歲時，他仍然記憶猶新。

此後，他又通過賣可樂、報紙、爆米花，以及在爺爺的雜貨店打工，一筆一筆地攢著自己的錢。

10歲那年，巴菲特第一次去了紐約——父親霍華德會在每個孩子滿10歲的那一年，專程把他（她）帶到美國東海岸去玩一圈。對三個孩子來說，這可是他們人生的一件大事。

而巴菲特到了紐約，不去遊樂場，不去動物園，他要求父親帶他去的地方是：紐約證券交易所！

在那裡，巴菲特被人們交易股票的火熱氣氛深深吸引。尤其是一個交易員不經意的一個動作，深深地印在巴菲特的腦海裡——那個交易員居然專門雇了一個人幫他捲煙。

巴菲特心想，這個交易員可以雇用一個人只幹捲煙這麼一件事，只為滿足個人的喜好，那他得多有錢？

他下定決心：「我要賺錢！錢可以讓我獨立，讓我做自己想做的事情，而不是讓別人主導我。」

另一件對巴菲特影響深遠的事情，是他見到了高盛傳奇CEO西德尼．溫伯格。溫伯格是當時華爾街最有聲望的人，在曼哈頓一座超豪華辦公樓工作。

溫伯格和巴菲特父子聊了半個小時，在巴菲特離開的時候，溫伯格專門擁抱了他，並且問他：「你喜歡那支股票，沃倫？」

巴菲特日後回憶說：「也許溫伯格第二天就會忘記這件事，但是，我會一輩子都記得。」

一位華爾街最為傳奇的大人物，這麼重視巴菲特這個小孩子的看法，讓巴菲特深受鼓舞，堅定了長大後要做投資的想法。

從11歲起，巴菲特就開始炒股。他用自己和姐姐攢下的零花錢，以38.25美元的價格，買了3支股票。

與後來神話版的投資業績不同的是，巴菲特的第一筆投資乏善可陳。他的股票很快就跌到27美元，這讓他感覺「壓力大得可怕」。

於是，在股票價格漲回到40美元的時候，巴菲特趕緊就拋掉了。從這筆交易中，姐弟倆總共賺的錢，是5美元。

而後來，這支股票很快就漲到了202美元——只要巴菲特能多持有幾個月，他賺到的錢將翻近百倍。

這筆雖然賺了錢，但仍然被看作是超級失敗的投資，給巴菲特留下三個非常深刻教訓：

**第一，股票的買入成本不重要，重要的是成長空間；**

**第二，短期的蠅頭小利不重要，重要的是長期收益；**

**第三，如果他的投資失誤，可能有人會因此而煩惱和不安。**

由於這些頓悟，日後巴菲特把這次投資當成是他人生最重要的時刻之一。

## 三、巴菲特的求學生涯

巴菲特12歲那年，父親霍華德當選為美國聯邦眾議員，此後他總共任了三屆——這個在大蕭條時曾經一度養不活家人的人，成了奧馬哈有名的風雲人物。

霍華德當選國會議員之後，全家搬到首都華盛頓去居住。巴菲特先是在愛麗絲迪爾初中過渡了一段時間，然後進入了著名的伍德羅威爾遜高中。

在中學，巴菲特小時候招人喜歡的性格消失得無影無蹤，變成了一個叛逆的問題少年。他不僅學習成績降到D甚至$D^-$，還在教室搗蛋，在商場偷東西，甚至和小夥伴一起離家出走，給父母帶去了無盡的麻煩。

不過，他的生意倒是越來越好。在華盛頓，巴菲特做過諸如球童、送報、推銷雜誌等工作，賺的錢比學校的老師還多。他最大的手筆是花一千二百美元買了一個40英畝的農場，並請了一名雇農來耕種，那時他才14歲。有時，他也會跟著爸爸到美國國會去聽國會辯論。

16歲那年，他還和同學搞了一家遊戲機公司，每個星期能淨賺50多美元，讓巴菲特覺得生活是如此美好。他們還花350美元買了一輛破舊的勞斯萊斯汽車，用於出租，每天能給他們帶來30美元的收入。

到高中畢業時，巴菲特已經攢了六千多美元——那可是一九四七年。

此時，巴菲特家族的固有傳統：父子關於擇業的衝突，又出現了。

巴菲特滿腦子想的都是做生意，根本就不想上大學。他甚至已經買好了一輛靈車，準備專做出租靈車的生意。

父親霍華德對此大為光火，逼著他把車子賣掉，非讓他去讀大學不可。巴菲特

沒有辦法，只好聽從父命。

好在高中後期他的學習成績已經追了上來，畢業時是三百五十名畢業生中的第十六名，這個成績，讓他得以進入賓夕法尼亞大學華頓商學院就讀。

華頓是美國著名商學院，日後成為美國總統的川普，就專門找關係從普通學校轉學到華頓來的。

但巴菲特卻沒覺得華頓有什麼好，他在此只待了兩年，就轉學回到家鄉，進入爸媽的母校內布拉斯加大學。在這裡，他僅用一年時間，就以全A的成績修完課程，拿到了本科學位。

巴菲特的個人財富仍在繼續增長，19歲大學畢業時，他已經擁有了九千八百美元的存款。

但此時，巴菲特又不想那麼快投身於商業了，他想繼續深造，於是向哈佛商學院提出了讀碩士的申請。他本以為，憑自己大學成績和商業實踐，進哈佛商學院是板上釘釘的事情。

在面試中，哈佛的面試官說巴菲特看起來只有16歲的面容、12歲的身材、9歲的情緒表現，如果幾年後申請，他將會有更好的機會。

這句話是如此明顯的拒絕，而當時的巴菲特居然沒有聽出來，他還對自己信心滿滿。直到收到書面拒信，才如夢初醒。

哈佛被拒巴菲特的打擊很大。不過，他很快就又向哥倫比亞大學商學院提出了申請。這個時候早就過了哥大招生的時間，但巴菲特的信打動了負責招生的金融系主任大衛．多德，他對巴菲特的商業和投資經歷產生了濃厚興趣，直接免試就錄取了巴菲特。

哥倫比亞大學當時還有一位知名教授，名叫班傑明．格雷厄姆，正是他和多德合寫了《證券分析》這本巨著，開創了現代證券分析理論。而巴菲特也正是被他倆所吸引，才選擇了哥大。

班傑明．格雷厄姆除了以學者身份做出巨大貢獻、被譽為「證券分析之父」以外，還以投資者的身份，在華爾街闖出了赫赫名聲，被稱為「投資大師」、「華爾街教父」。

巴菲特在哥倫比亞如魚得水。他對多德和格雷厄姆的所有著作都瞭若指掌，加上自己豐富的投資實踐，他總能和老師們做深入的交流。在他們的課堂上，巴菲特總是搶著回答所有的問題，以至於課堂每每成為他和老師的二重奏，其他同學只有聽的份，完全插不上嘴。

多德和格雷厄姆對這位高足是如此喜愛：多德經常請巴菲特到自己家中作客，

而格雷厄姆則給巴菲特打了其教學二十多年來第一個A⁺的分。

更重要的是，巴菲特從格雷厄姆那裡學到了「價值投資」的理念。日後，巴菲特將終生秉持這一理念，並成為其最有名的鼓吹者和獲利最豐的實踐者。

## 四、巴菲特的婚姻

畢業之時，巴菲特覺得自己還沒有把格雷厄姆的本事學到家，於是就想進入格雷厄姆的公司工作。

他對自己的信心非常足，畢竟，他可是格雷厄姆最欣賞的學生。而且，他還準備了一個讓人無法拒絕的條件：他願意無薪為格雷厄姆工作。

可是，格雷厄姆毫不猶豫地拒絕了他。這倒不是格雷厄姆看不上巴菲特，相反，他一直認為巴菲特將成為一個偉大的投資家。

他拒絕的理由是：當時華爾街存在嚴重的歧視猶太人現象，那些大型投資銀行都不願意雇傭猶太人。而格雷厄姆自己作為一個猶太人，反對這種歧視的方法是：我的公司只用猶太人。儘管巴菲特是自己最得意的弟子，也不能為他破這個例。

於是，巴菲特只好悶悶不樂地回到了奧馬哈。

他先是加入了內布拉斯加的國民警衛隊——當時正值朝鮮戰爭，適齡的美國男青年有服兵役義務。巴菲特作為國會議員的兒子，自有其門路，沒有被送去朝鮮戰場，而是得以在家門口服役。

但也不是沒有其他的代價：當格雷厄姆推薦巴菲特去華爾街一家證券公司工作時，國民警衛隊告知，他必須待在奧馬哈，隨時等待警衛隊召喚，不可以去其他城市工作。

巴菲特只好一直留在父親的股票經紀公司，當一名股票推銷員。

由於他的情商超低，這份推銷員的工作讓他吃盡了苦頭。而且，為了以最好的價錢儘快賣出最多的股票，推銷的時候難免會有種種唬弄噱頭。有時候，他明明認為一檔股票會虧錢，為了完成銷售業績卻不得不拼命推銷，這也讓巴菲特心中感到極度痛苦。

好在人生中的一個重大改變，很大程度上撫慰了這種痛苦：22歲那年，巴菲特結婚了。

在此前，巴菲特的戀愛生涯簡直不堪回首。他從來都不知道怎麼和女孩說話，要麼就是沉默不語，要麼就是滿口女孩子根本聽不懂的股票術語，把氣氛搞得極其尷尬。

他的第一次約會還是在剛搬到華盛頓不久，約會對象恰好是高中最害羞的女孩。因此，倆人的約會就像是一場害羞比賽，幾乎全程保持緘默。日後巴菲特回憶說：我們可能是整個美國最害羞的兩個人。

另一次，巴菲特和一個女孩約會，結果過於緊張，開車撞上了一頭奶牛。最災難的是高中畢業時，他曾經開著一輛靈車去接另一個約會的女孩。

19歲時，巴菲特迷戀上了一個叫貝蒂的女孩，但是貝蒂喜歡一個彈烏克麗麗的男孩。為了與情敵競爭，巴菲特也開始了學這種樂器。從此，烏克麗麗成了他終身的愛好。直到現在，給賓客彈奏烏克麗麗，仍是這位帶著黑框眼鏡的奧馬哈先知，他樂此不疲！

但是，雖然烏克麗麗學會了，貝蒂卻根本沒有看上巴菲特。只是給他增加了一段痛苦的失敗回憶。

不過，到哥倫比亞大學讀研時，巴菲特居然成功了一次，而且被他搞定的女孩是超級美女、內布拉斯加州選美冠軍、一九四九年的「內布拉斯加小姐」范妮塔。

這是巴菲特第一次正式交往的女孩。范妮塔聰明、漂亮、有趣，讓巴菲特感到刺激和著迷。但很快，巴菲特發現范妮塔有超強的控制欲望，經常搞得他倍感尷尬，渾身不舒服。

於是，與范妮塔交往的同時，巴菲特也在追求另一個女孩。這個女孩名叫蘇珊，是巴菲特妹妹的同學，也是奧馬哈人，當時有正在交往的男友。

蘇珊的性格非常好，特別善解人意，以至於巴菲特第一次接觸時，認為她好得簡直不真實，他以為蘇珊一定是裝出來的，但後來發現蘇珊本性就是如此。

由於自己實在不擅長和女孩聊天，巴菲特採用的辦法給蘇珊彈奏烏克麗麗！蘇珊卻對此沒多大興趣。好在她的爸爸喜歡音樂。所以後來常常出現這樣奇怪的場景：巴菲特去找蘇珊，卻變成他和蘇珊的爸媽在家裡彈琴、聊天，而蘇珊則是出去和男朋友約會。

但是古話說得好，沒有挖不開的牆角，揮不好的鋤頭。在巴菲特和蘇珊爸爸的共同努力下，蘇珊被迫和男朋友分手，最後不得不和巴菲特交往。

蘇珊最終答應了巴菲特的追求——她並不是看中巴菲特的才華和財富，而是發現了這個男孩的脆弱。巴菲特在人際交往中的自卑、他母親對他精神上的折磨、他在生活中的弱智，讓性格善良的蘇珊倍感心痛，終於決定付出自己的一切，來拯救這個未來的股神。

經過巴菲特艱難的兩年追求，倆人終於在一起了。巴菲特給親戚寫信高興地報告這件事，他說「這女孩就一點不好，她絲毫不懂股票。不過，我想我可以不在乎

這個缺點。」

一九五二年，巴菲特和蘇珊結婚。和巴菲特的媽媽利拉一模一樣的情形是：蘇珊此時也是在讀大學二年級，也因為婚姻而退學了。

婚禮當天還發生了一個插曲：當時正值奧馬哈發生大洪水，巴菲特在婚禮上接到警衛隊的徵召電話，要求他立刻前去抗洪。正在他沮喪地準備取消婚禮，前去抗洪時，警衛隊的師長打來電話，取消了對他的徵召，讓他好好享受蜜月。

於是，當警衛隊的其他人累死累活地在大堤上扛沙袋時，巴菲特和蘇珊快樂地在拉斯維加斯蜜月旅行——當時蘇珊才19歲，甚至都不夠年齡去賭博（21歲才允許參與）。

對於巴菲特來說，蘇珊就像是上帝賜給他的一位天使。她不僅讓他從母親的陰影中解救出來，也讓巴菲特在父親公司做自己不喜歡的工作的痛苦得到緩解，更為重要的是，22歲的巴菲特對生活一無所知，恨不得連自理能力都沒有，他的生活全都是19歲的蘇珊在照顧。

蘇珊就像是一縷明媚的陽光，照亮了巴菲特灰暗的生活。

可惜的是（或許對當事人來說是：可喜的是），20多年之後，他們的婚姻出現了一個第三者。

在巴菲特40多歲時，他開始和情人阿斯特麗德．門克斯同居。

讓人大跌眼鏡的是，巴菲特和阿斯特麗德走到一起，正是蘇珊安排的。

也許是蘇珊覺得自己為巴菲特奉獻了二十多年青春，該為自己著想了；也許是她認為四十多歲的巴菲特已經長大，不再需要自己像老母雞一樣每天呵護了；也許是經歷了歲月的長期消磨，倆人的愛情早已不在……

在結婚二十多年後，蘇珊開始追求自己的歌手夢想，她一個人搬到了距離奧馬哈二千多公里外的舊金山。由於還是有些不放心巴菲特，她請了一些朋友幫忙照看他，其中就包括奧馬哈一個酒吧的女招待阿斯特麗德。

在蘇珊離開後，阿斯特麗德就開始經常給巴菲特送自己在家煲的湯，一年以後，她搬進了巴菲特的家。

當巴菲特要去舊金山看望蘇珊時，阿斯特麗德會幫助他收拾行李，沒有一絲嫉妒。她還經常會出現在蘇珊身邊，微笑、交談，甚至手挽著手。

巴菲特、蘇珊和阿斯特麗德對這種三角關係並不忌諱。甚至，在他們給朋友寄出的聖誕賀卡上，落款是：沃倫、蘇珊和阿斯特麗德。

蘇珊於二〇〇四年去世。在去世之前，她一直都是巴菲特的妻子，不管法律意義上還是名義上。他們每年都會有很多時間一起度過。

蘇珊死後兩年，巴菲特和阿斯特麗德結婚，那時巴菲特76歲，阿斯特麗德60歲。在同居近30年之後，他們終於過上了一夫一妻的生活。

## 五、巴菲特的崛起

巴菲特和蘇珊結婚兩年後，他的事業也終於有了轉機——在巴菲特一次又一次的要求下，格雷厄姆終於願意讓巴菲特去他的公司工作。而此時，巴菲特也得到了國民警衛隊的允許，可以離開奧馬哈，前往紐約生活了。

雖然24歲的巴菲特已經有了很多積蓄，但是吝嗇的本性讓他在紐約選擇了最便宜房子——該地距離曼哈頓足足有40公里之遠，而且房屋破舊，傢俱不全。巴菲特又沒有任何安排生活的能力，以至於當一個月後蘇珊挺著懷二胎的大肚子，帶著剛滿一歲的女兒跟隨而來時，家裡還是亂得一團糟，三間臥室只有一間能住人，女兒不得不睡在梳粧檯的抽屜臨時做成的小床裡。

而在生活中，巴菲特的摳門到什麼程度了呢？衣服要穿到很髒了才送到乾洗店去；買雜誌不買當期的，而是買過期一周的，因為這樣只有半價；從鄰居那裡借了汽車，他從來都不會加滿油箱；自己買車後，都是趁下雨的時候洗車，因為那樣省水省力……

格雷厄姆實在是看不下去了，專門提醒巴菲特說：沃倫，你記住一件事，不要過於操心錢了，因為它不會使你的生活變得多麼不一樣。

但巴菲特依然我行我素。他的傳記《滾雪球》裡面寫道：「讓他放棄一些錢，他就會像狗保護骨頭那樣護住，甚至像正在被搶食的狗那樣護那麼緊。」

而格雷厄姆之所以要巴菲特不要在操心錢了，是因為他在格雷厄姆的公司早已賺得盆滿缽滿。

巴菲特的投資才華在這裡發揮得淋漓盡致：他從來不會根據直覺去投資，而是勤奮地調研他認為有價值的公司，做出細緻的判斷，從而決定該公司股價是否被低估。與一般的研究者不同的是，他不是坐在辦公室看資料，而是像個偵探一樣，到被研究的公司去實地考察。他還會常常跑到穆迪和標普公司去查閱相關資料——那個時候，他是唯一一個會出現在那裡的人。

他的眼光甚至已經超越了格雷厄姆。在投資一家名為「家庭保護公司」的股票時，格雷厄姆認為沒有投資價值，巴菲特則堅決認為應該投，他用自己的積蓄，以15美元一股的價格買了一些，不久後，其股價就漲到了370美元，讓他狠狠地賺了一大筆。

更成功的一筆是對「聯合電車公司」的股票交易，僅此一筆，他個人就進賬二萬美元——這是巴菲特家族自18世紀進入美國以來，第一次有人一筆就賺到這麼多錢。

到紐約兩年後，巴菲特已經有了17萬多美元，這在一九五六年的美國是一筆巨大的財富——當時，他們一家全年的生活開銷，才不過1.2萬美元而已。巴菲特準備「退休」了。

26歲的巴菲特，使用「退休」這個詞，是真心實意的。因為他的導師格雷厄姆已經對投資生涯感到厭倦，準備解散公司專心教書。而巴菲特也已經不願意為別人打工了，他只想做自己喜歡的事情。

他在奧馬哈成立了一家合夥人公司，共籌集資金十萬一百美元。其中十萬美元來自於親戚朋友，一百美元來自於巴菲特的投入。

日後巴菲特的公司不斷創造奇蹟，他本人在其中所占股份高達七八百億美元，起步就是這一百美元。

而此時，他最重要的合作夥伴，最親密的戰友，查理．芒格，就要登場了。

## 六、巴菲特建議年輕人：兩樣東西最值得投資

巴菲特建議年輕人有兩樣東西最值得投資，掌握至關重要的兩個關鍵、改變既有的習慣或是心態，其實成為有錢人並不難！

### 一、選擇競爭力突出的優質公司深耕

首先第一個關鍵是「找到競爭力領先的優質公司」。巴菲特一貫主張要「長期」投資，除了在資金運用上要放長線釣大魚、切忌炒短線賺錢外，更重要的是，找到值得長期發展的「好公司」，兩者環環相扣、互為因果，「維持穩定的『現金流』，將有利於市場的穩健發展。」

至於何為「好公司」？巴菲特認為，只要持續掌握競爭優勢、由可信任的管理階層營運的公司，就是值得關注、可以長期投資的「好公司」。在尋尋覓覓找到「好公司」後，巴菲特並鼓勵年輕人，永遠都不要放棄自己喜歡的工作，因為只有真正喜歡的工作，才能做得長久。

## 二、投資自己的腦袋＝最划算的投資

相較於第一個關鍵要會找對公司，第二個關鍵要有看重自己的眼光，也就是要懂得投資自己，「人生中沒有任何一項投資會比『投資自己』更划算！」巴菲特認為，在所有的投資項目中，最值得投資的就是自己的腦袋，「智慧是唯一他人無法搶走的財富，不會被偷走也不會被課稅，完完全全屬於自己！」

巴菲特舉例，在日常生活中，你可以這麼做：每天晚上睡覺前思考一下，當下的自己是否比起白天時懂得更多、學習的更多？如果答案是肯定的，那麼你已經「賺了」！

此外，巴菲特同時也強調，沒有一項投資的報酬率，高過「投資自己」，怎麼說？他以自身為例說明，為了克服上臺恐懼症而報名參加卡內基訓練課程，期間他也曾半途而廢並為此懊惱不已，在經過多次嘗試後發現，「投資自己」帶來的長遠效益，就是自己學到的能力，任何人都拿不走的；換句話說，一個人最大的資產就是你「自己」！

# 第2章

# 巴菲特在股東大會上的36個投資問答

——巴菲特在二〇二〇年的股東大會上，第一次用微軟的PPT做簡報，並採取直播方式。

# 前言

二〇二〇年5月3日，一年一度的投資圈盛宴——「股神」沃倫．巴菲特旗下伯克希爾．哈撒韋公司的第55屆股東大會首次線上上拉開帷幕。年近九旬的巴菲特首次與伯克希爾．哈撒韋公司非保險業務副董事長葛列格．阿貝爾（Greg Abel）搭檔，一起向全球投資人闡述對投資的一些思考和感悟。

在四個多小時的直播，巴菲特在1個小時45分鐘的PPT（Power point）首秀中，與阿貝爾共同回答了36個股東提問。這位即將年滿90歲的老人精神矍鑠、妙語連珠，涉及新冠疫情、美國經濟、大型收購、巨額現金、拋售航空股、回購股票等話題，為全球投資者奉獻了一場精彩的投資盛宴。

巴菲特：今年的股東大會，查理．芒格不到現場來開會是最好的選擇。目前，查理每天通過Zoom軟體和不同的人開會，對新的生活方式非常適應，因此，我可以和大家保證的是，查理的狀態非常良好，他明年便會回來繼續和我繼續搭檔參與股東大會。希望到明年的時候，一切都會恢復正常。

阿吉特．吉恩是公司負責保險業務的副董事長，目前在紐約工作，他覺得在當

前環境下，從紐約到奧馬哈來開會並不合適。葛列格・阿貝爾是公司另一位副董事長，負責公司除保險業務以外的其它所有業務，在過去兩年，葛列格・阿貝爾管理著近12萬名員工以及一千五百億美元的行業資產，同時，對於葛列格今天能夠到奧馬哈來開會，我表示特別感謝。如果沒有吉恩和葛列格的幫助，伯克希爾未必能發展到目前的階段。

今天的會議，主要分為四個部分。首先，是我通過PPT來進行自我獨白，從我21歲至今，我從來沒有使用PPT進行演講的經驗，希望今天我能夠通過學到的新技能，完成會議的第一部分。其次，我將對伯克希爾第一季度的營收進行總結，並就其中一兩個要點給大家詳細闡述。再次，會用15～20分鐘來進行伯克希爾的正式股東會。最後，便是由貝基・奎克把征集整合的一些問題，與我和葛列格進行問答。

在過去的兩個月內，相信每個人都想知道，當前美國的衛生情況到底如何，未來經濟又將走向何方，以及未來幾個月甚至幾年內情況會如何演化。

在健康方面，我個人非常感謝福奇博士提供給我們的相關資訊，他給大家直截了當地講事實，包括他知道哪些以及他不知道哪些，把非常複雜的事實很直接的告訴大家，福奇博士提供的這些資訊非常重要。同時，我的朋友比爾・蓋茨先生也一直在告訴我目前出現的一些情況。

當疫情來臨，去年爆滿的會場今年變成了幾萬個空位，當時應該沒有任何一個人可以預料到今年會發生這麼嚴重的疫情，並給一開始並沒有對疫情做好準備的全國人，在行為和心理方面帶來巨大的影響。不論是從健康還是經濟的角度，目前都沒有人知道疫情會到底帶來什麼樣的後果，尤其是在經濟角度方面，不確定性因素眾多。而且，健康與經濟是會相互影響和制約的，因此疫情對各方面帶來的影響勢必超過預期。

同時，雖然本次疫情的知名度還不高，不如一九一八年的西班牙流感知名，但當前疫情的波及範圍很廣、傳染性特別強。有報導指出，在疫情開始後的4個月內，奧馬哈有974例死亡病例，占到奧馬哈當時總人口的十分之一以上，因此美國全國的死亡病例數量恐怕也不會少。而且，目前我們並不知道，有症狀和無症狀的感染者，到底共有多少人。

此外，疫情對經濟帶來的廣泛的影響具體有哪些，我們並不完全清楚。如果把相關行業的經濟列車完全拉下軌道，經濟會被完全轉向，並製造出很大的焦慮和不安，這樣的實驗是前所未有的。同時，這些嚴重的問題帶來的可能性很多，我們現在不能完全知道答案。

不過，我現在想談的，是這個國家經濟的未來是什麼。雖然疫情對經濟帶來非

常廣泛的影響，同時給人們製造了很大的焦慮，但未來美國的經濟不會停止前進。過去美國已經面臨過很多類似今天的嚴重問題，如第二次世界大戰、古巴導彈危機、911事件以及二〇〇八年金融危機，因此美國當前同樣可以直面並戰勝類似的問題。

回顧歷史，如果大家能夠選擇一個時間和地點出生，相信大家絕對會選擇在今天出生在美國。從美國開國至今已有超過二百年的歷史，仍然有很多人希望成為美國人。同時，讓人驚訝的是，雖然美國有許多活著的人比較老，但是我們的國家當前是非常年輕的，比如雖然我和芒格的年紀比較大，但我們的副董事長葛列格·阿貝爾就是一個年輕人，美國取得了很多偉大、在歷史上閃閃發光的成就。

根據估算，一七九〇年，我們（美國）只有390萬的人口，而且有近60萬的黑奴，但二百三十年後，即便是最樂觀的人，也不會想到我們國家每天都有2.8億輛車子在繁忙的道路上穿梭，同時可以隨時飛出4萬千里，而且，擁有完善的醫療系統、可供欣賞的娛樂節目以及互聯網。二百三十年間的變化，超出了人們的想像。此外，我們國家的財富也得到了很大的積累，雖然這個過程中伴隨著通貨膨脹，但這一時期，通貨膨脹的情況並不強勢。

但是目前，我們相當於碰到了一段崎嶇的道路，而且情況比較嚴峻。不過，從美國誕生之後到現在，也存在一些動盪。比如美國南北戰爭發生的時候，總統需要作出一個決定，而會有大約6%的人口尤其是18～60歲的男性會在南北戰爭中死亡，國家很大一部分主要就業人口消失不見。把當時的傷亡情況按照當前的人口比例換算，大家可以想到對我們的國家造成多麼大的打擊。

同時，我們國家還會面臨另外類型的危機。在一九二九年時，股票市場在大蕭條間崩潰，雖然在當年的9月3日，道瓊指數的閉市位置是381.17點，加之彼時汽車工業開始興起、家用電器也開始普及，看起來現代化行業在迎頭趕上，但之後的兩個月，道瓊平均指數降低近一半，短時間內股票價值大幅蒸發。值得注意的是，很多美國人在兩年內，股票價值約蒸發83%，同時失業情況嚴重。一九二九年多因素造成的大蕭條，導致四千多家銀行破產，而人們的儲蓄大多都在銀行，隨著銀行破產人們的儲蓄也隨即丟失。

不過，一九三四年1月1日，聯邦存款保險公司這個重要的機構成立，這是大蕭條後能出現的最好事情，可以說世界因此也發生了改變。聯邦存款保險公司給銀行提供了保險，這給人們帶來了保障。

在此之後，我們也經歷了第二次世界大戰，隨後接受了凱恩斯主義等等，我們國家超過二百年的歷史中，變化是非常大的，會讓我們感到歎為觀止。

一九三〇年代，大家努力工作卻不知道會不會有繁榮，而美國的奇蹟卻在不斷發生。而在一九五四年，股票點位從280點漲到400點，重現了一九二九年的奇蹟，我們又達到了一個高峰。及至今天，我們看到道瓊指數在24000點附近。所以，你要相信，美國是可以發生奇蹟的。

美國是非常強壯的，所以絕對不要在美國身上下錯賭注。美國接受過很多試煉，雖然我們現在仍然沒有達到完美的境界，但我們的國家一直在變得更好，而且未來也會如此。黑奴獲得解放，隨後，女性也開始得到解放，我們的社會不斷變得比以前更好。

明天的市場會怎麼樣，我不覺得任何人會知道，但我知道美國人在長期內一直是勇往直前的。正如我們不知道二〇〇一年9月10日是怎麼樣，現在我們也不知道會有新的病毒出現，但如果你打算做空美國，那麼你在下注是要非常注意，因為市場任何事情都會發生。而我是一直相信美國的，雖然市場不是每一天都朝著我希望的形勢發展，但我抓住了美國財富增長的尾巴。

幾年前，Sam Numm倡議建立一個機構，希望努力減少防止核災難的發生，這樣可以避免數以百萬計的美國人死亡，後來他一直擔心大的流行瘟疫。過去兩個月內，我們對大瘟疫開始有所瞭解。二〇一九年的10月份，美國霍普金斯大學發了一份希望全球做好對於大流行瘟疫準備工作的報告，從報告中可以看到，美國算是對疫情準備得比較好的國家。

需要注意的是，不管多大的數字，乘以零後結果還是零，所以，如果一件事情不對，或許會有很多事情同時出錯，伯克希爾總是會做最壞的準備，所以，這個時候，借錢投資不能說是合情合理的。

當下，美國的資源遠未枯竭，長期還會生成好的結果。尤其是股本，雖然短期內不一定很好，但30年國庫券的收益率只有30%，而且收益還需要交稅，在通脹率只有2%的背景下，我們的股本是否會比國庫券的收益更好，值得關注。只要你有投資存在，並且投資不是賭博，那麼便可以期待成功甚至得到很多回報。

在買賣股票的時候，自己必須看到價格高低間可能存在的微妙差異，比如疫情發生前後，股票價格是完全不一樣的。在股票市場中，必須在心理上有正確的思維，我希望每一個人買股票的時候，都有一個你買的並不是股票，而是買這個公司營業一部分的思維。

我現在要告訴大家的是，在下注美國時，希望能夠相信美國，雖然我並不知道在以後的幾個月、幾年甚至幾十年後會有怎樣的結果，但我希望大家能夠相信我剛才的觀點，用樂觀的態度進行跨行業、全面性的平衡購買。

伯克希爾一季度的業績已經塵埃落定，雖然在某一段時間內，這些數字可能還會進行平衡，但我們目前的運作收益的確比以前低得多，同時在疫情影響下，公司某些業務正在關閉。巴菲特表示，伯克希爾並非不會犯任何錯誤，此外，美國的經濟當前也有一些關閉的趨勢。

具體來看，此前均處於上漲的趨勢中的保險級鐵道業務，都發生了一些變化，此外，公司還有一些其它業務有了下滑的趨勢。不過，可以明確的是，伯克希爾在管理別人的錢時，絕對不會冒險。截至今年一季度結束，伯克希爾有將近1250億美元的現金及國庫券餘額，公司一直保持相當高的現金儲備。

今年1月份，沒有人預料到疫情的暴發，同時帶來的影響力已經使得美聯儲覺得要採取更大的措施來應對市場的變化。現任美聯儲主席鮑威爾將來可能會載入史冊，因為在3月中旬時，他吸取了二〇〇八～二〇〇九年的經驗教訓，不論代價是什麼，美聯儲採取了利率方面的行動。因此，伯克希爾也應該順勢而為，對目前的情況做好應對的準備，因此我們留下將近150億美元的現金作為儲備。

在4月份的時候，我們覺得股票市場收益會下降，市場可能會改變既定的目標價格。我在對其他公司估價時，犯了一個錯誤，尤其體現在航空業方面。此前，四大航空公司（美國航空、達美航空、西南航空和美國聯合航空）經營良好且CEO都非常棒，因此我們買了這些公司的股票。但在疫情影響下，人們被告知不能再飛行和旅行，航空公司受到巨大影響。同時，航空業務未來會發展趨勢如何，不確定性很高，與兩個月之前想比，世界正在進行重大的改變。雖然目前伯克希爾並沒有100%持有這些航空公司的股票，但其發展對公司還是會有影響，因此未來伯克希爾會繼續關注航空公司發生的變化。

我們現在可以準備接受提問。貝基・奎克（CNBC主播）已經從股東當中選擇了問題提上來，我們現在準備好回答你們的問題。貝基，你現在開始提問吧。

**【提問1】伯克希爾能否披露投資的四個航空公司是哪些具體公司？**

**沃倫・巴菲特：**美國航空、達美航空、西南航空和美國聯合航空公司，大概佔有美國旅客飛行數的80%，同時，除了西南航空外，其他三大航空公司還有很多國際航線，可以說，他們的業務和領導者都非常棒。不過，由於疫情影響，四大航空公司面臨的情況發生了很大的變化。據我瞭解，他們需要關閉很大一部分業務，因此損失巨大。

我不確認美國人是否會改變固有的生活習慣，但我自己的確有很長時間沒有理

髮，同時在7周後，我才再次戴上領帶。

我們也可能買其他航空公司的股票，但目前伯克希爾主要買了這四家航空公司。我們的確犯了錯誤，現在想要把此前投入的資金拿回來。同時，我們要賣的不是一部分，而是全部賣掉。如果我們的想法改變，不會一半一半地做，會一下子進行到底，可能賣的時候，賣價比收購價低很多，但航空公司的股票總是以大額的交易進行，所以我們把整個賣掉了。

**【提問2】您建議投資者現在買入股票，但伯克希爾留存了大量的現金，是否意味著儘管現在是股票投資者買入的好時機，但您卻並不想大量買入？**

**沃倫．巴菲特：**現在會發生的一些情況，雖然我並不希望它發生，但它的確存在。如保險業中，當颶風來臨時，也會有巨大的地震發生，因此我們要為一連串可能發生的事情做準備。

我認為現在是購入股票的好時點，但並不意味著人們今天、明天、下周或下個月便要買股票，購入時點需要根據投資者自有特點選擇，做任何事情都需要根據對自己的瞭解進一步行動。同時，在相當長的一段時間內，投資者需要在財務與心理兩方面，都需要做好應對疫情影響的長期準備。

因此，我的建議是，不要在意今天是否是購買股票的好時機，要關注兩年、二十年甚至三十年後，目標股票會值多少錢。

【提問3】您剛剛提到，4月時伯克希爾大概有三千多億美元在股本上，能否介紹一下具體情況？

**沃倫・巴菲特：**相關數字是伯克希爾提交的，也是我們研究得到的結果，同時公司進行交易的數位還有更大的情況。

【提問4】上一次經濟危機時，您支持了八種不同的投資，對於相關八大股票都有極大的信心，同時獲得了很多的價值。現在利息非常低，那麼，過去兩個月，您對於借款的投資為什麼沒有做出任何舉動？

**沃倫・巴菲特：**我現在還沒有看到非常有趣以及吸引人的股票，美聯儲做出了正確、快速的決定，因為很多公司需要錢來處理財務，因此可以看到，過去5周

內，很多公司的財務變化巨大，包括一些大型公司也開始進行大額借款。

有時候，雖然借錢不是壞事，如一些邊緣性的公司利潤較少，但伯克希爾不需要那麼多錢。同時，如果相關公司的利潤不夠，伯克希爾是不會向他們投資的。

在二〇〇八、二〇〇九年時，我們投資了8家公司，並不是我們故意要告訴市場伯克希爾做了什麼，而是因為那時候我們覺得投資相關公司是非常好的抉擇，雖然時機不夠理想，但我們還是找到了幾個理想的投資標的。

**葛列格·阿貝爾：**您剛剛的點評，講到了美聯儲的警告，利息發生變化的時候，我們注意到，我們是否能夠開始採取行動。人們在困難的時間，看著自己的資產負債表，他們決定要做一些什麼，但事實上這些公司並不見得可以吸引我們，特別是在2月23日之後，伯克希爾的能源公司就是非常重要的結果，我們在能源公司的時候投資了40億，那個時候還有好多短期的責任沒有到期的情況下，後來我們增加了資金。我們那個時候覺得資金的部署是有必要的，對於太平洋（2.590, 0.00, 0.00%）地區，伯克希爾的持股人來講都是非常吸引人的。

**巴菲特：**現在是你借錢的大好時光，但不見得每個人都願意借錢，對於整個國家來講，這個時候是借錢最好的時機。不見得是伯克希爾要做的時機，但對於很多人來講現在是借錢的大好時機，我們的錢要用在刀口上。

## 【提問5】現在有些人開始兌現，在疫情中資金進行不同流轉，伯克希爾是怎麼樣的情況？

**巴菲特：**我們現在也開始發一些資金給某些需要的公司，當然我們不會無限制地開始資助這些公司。現在較一年或是六個月之前，有著極大的變化。如剛才講的航空公司，因為現在虧損太大，我們基本上就把錢抽了出來。同時，假設我們已經組成了公司，但如果這個公司沒有希望，我們也不會繼續再投資，如公司在一九六五年時投資了紡織業，之後我們發覺做的一些決定並不是極好的，我們就會想賣掉它們。我們並不是處在做拯救其他公司的位置，如果拯救其他公司要花太多的錢，我們是不會這麼做的。所以，在增加我們市場上的一些份額上面來講，也許會發生，公司也許不見得隨時都需要錢，但是市場的份額是我們比較關注的。

伯克希爾擁有許多可以產生現金的業務，我們有非常多的資金，有充足的資金來支持未來我們想要達到的目標。很多人要兌現他原有的資產或者是賣一些股票，但我們的業務中目前並沒有這樣的一些需求，伯克希爾絕對不會到必須借錢過日子的境地。

簡單地來講，我們並不是需要很多現金，但如果我們需要錢的話，我們也是有

的。我們不買報紙公司或者是一些其他的商業機構，這是我們的習慣。我們希望自己的定位是能想做什麼就做什麼，當然不見得所有的事情都會在我們的理想中發生。

一九二九年是一個比較例外的一年，而在一九五五年或是在一九五四年年底，我們覺得任何事情都可能會發生。所以，我們一直在準備就緒狀態。有時候很多人會打電話給我們，不過，即便這些公司打電話來，我們也不需要買這些公司，因為這些公司並不見得是多好的，而且我們也可以在其他地方進行借貸。

**阿貝爾：**在新冠肺炎疫情影響下，伯克希爾在看持有的不同公司時，首先關注的是管理層和員工的去留，我們會確定員工都是健康、安全的，公司能否保持持續的運作。之後我們會繼續觀察客戶在當前業務情況下的需求是什麼，我們可以提供哪些業務的調整來滿足客戶的需求。

**【提問6】**伯克希爾公司有近39萬名公司成員，哪一些公司的運作沒有被疫情影響到？如果受到疫情波及，這些員工還能夠被持續雇傭嗎？

**巴菲特：**我們資助了不同的行業，有幾個行業有可能雇員會減少，但不會很多。我們沒有在旅館業裡，但是旅遊和休閒的行業，可能會發生巨大的變化。五年之後，伯克希爾會雇傭相當多的人，但是病毒也可能會有更大的增長，對我們的製造業造成很多影響，他們的需求可能會很大程度上降低，這樣的情況下可能會有裁員的情況發生。

**阿貝爾：**疫情期間，我們的行業要為此做出調整，有些可能調整得比我們更為厲害。伯克希爾的能源公司，用電的消耗量降低了10％，實際上對我們的生意並沒有非常大的影響。但長期看，我們的業務會繼續增長，因此即便現在在危機時間，我們行業受到的影響也不大。

現在，糖果、珠寶行業等有些商店會關門，我們會根據環境做出相應的調整，尤其是在就業方面。不過，關門的商店將來還會重新開門，因此我們還會雇更多員工回來。長期來講，伯克希爾的雇員與現在相比，會有更大的增長。

**巴菲特：**整體看，我們還是會成長的。我們有很多季節性的員工，比如復活節期間是巧克力的售賣期，但是現在售賣期已經過去，很多專門為復活節特殊製作的產品，賣不出去業沒有辦法運出去。面對這些情況，阿貝爾做了很多這面的事情，還有很多經理在做類似的事情，在這個非常特殊的時期。未來，我們會雇更多的員工，或將超過39.5萬以上。

**【提問7】我是一個長期的股票持有者，我以前也參加過公司年會，4月17日查理曾講到，伯克希爾擁有的一些小公司在疫情過後不會重新開，您能不能講一下伯克希爾麾下哪些公司會受到影響？**

巴菲特：伯克希爾下面有97個不同的商業組織，我們以前一直從事這些方面的經營。不過，過去2、3個月發生的事情，未來可能會進一步加劇，一些行業會進一步衰退，也許是這些行業中消費者改變消費習慣，不再使用他們的產品，還有一些行業，以前就有過問題，現在他們的問題更大。比如說報紙行業，我們現在增加了更多報業的投資，而且幫助他們償還債務，但是現在報業在疫情之前，他們的廣告、銷售量、發行量都已經在下降。疫情加劇了這個情況，汽車行業也是一樣，疫情對汽車行業的影響很深，汽車商不會在報紙上做廣告，所以，現在有些行業的問題情況，被疫情進一步加強了。

疫情改變了整個世界，人們會看到這些變化，如果現在一個商業中心的老闆，他的租戶現在不願意再支付租金，商業中心的供應商情況也出現很大的改變，很多人在其中受到影響，有的人在家裡遠端工作，而這種情況也許以後兩年還會繼續持續，需要做調整適應這種新的方式。

阿貝爾：我們經營的幾個行業，本身從事的業務就會受到挑戰。在受疫情影響，經濟發生危機的情況下，這方面的問題會更為突出，一些生意如餐館設備會受到影響，但是其它行業可能會受到正面的影響。所以，我們要從整體來考慮這些問題。

**【提問8】伯克希爾長期的政策，不會是一直虧損的無底洞，芒格早先曾提及，在疫情之後封城解除之後，伯克希爾下屬的一些小公司是不是不會重新開放業務，這是不是會影響伯克希爾長期的政策？**

巴菲特：伯克希爾長期的政策會是30年以上，我們的年度報告裡也有講過，不同的公司有它們各自的運營模式。當然，我們有可能會把這些公司賣給其他人，但不管怎麼樣，我們不會繼續保持這些公司，這不是一個新的政策。

我們對航空業就是這麼做的，某種程度上，如果我們擁有所有的航空公司，現在對我們來講會是一個非常困難的決定，是繼續堅持承擔他們運營的這些損失，來繼續保持這些股票，看航空公司能夠堅持多久。或者，目前飛機可能太多了，隨著製造業下降以及需求的下降，航空公司提供的座位太多了，這種情況下，需要我們

根據自己的業務運營的情況來做決定。所以，我們做出的經營性的決定是非常非常困難的，我們的政府目前提供了第一波對航空公司的補助，航空公司也在非常主動地進行融資，這方面我印象深刻，至少兩家航空公司增加了他們的股本。航空公司如果想要業務繼續進行，當然需要政府的闡明，同時自身內部也要做出調整，以適應運營資金的需要。對於投資者來說，這是不是合情合理，我們要拭目以待。

## 【提問9】對於卡斯伯公司的行業業務放緩，你們有何回應？

阿貝爾：我們這個公司有很大一部分業務是航空航太，受到了比較大的影響。不過，國防工業方面還是非常好的，而且表現非常強勁。同時可以發現，別人對他們訂購的飛機是更長期的，我們也會不斷地對這方面做出調整，現在我們和波音公司每週會有一次的會，根據他們的訂單量，我們做出相應的調整。

巴菲特：一兩天前，他們剛剛得到了250億美元資金，在一年之前，他們當時現金的定位是很好的，但是我瞭解到，空客也有同樣的問題，而且空客也不知道他們的將來會如何，我也不知道他們的未來會如何。所以，我們肯定是會有飛機的，而且這些飛機會飛行，但真正的問題是，你們是不是需要這麼多的飛機，同時飛機的製造和交貨會影響到很多人的工作。

當然，這不僅會影響到波音，當你的需求枯竭了，影響就上升到整個鏈條上面，隨著航空公司需求枯竭，飛機製造的需求也會枯竭。所以，你可以看到由於波音不用這麼多的飛機了，現在通用公司生產的發動機也會受到影響，而美國在這個行業中的發展非常強，涉及很多就業機會。我們會祝福他們，也會祝福我們自己，但這不在我們的控制範圍之內。

**【提問10】GEICO（美國汽車保險公司，伯克希爾全資子公司）是不是因為現在很多人不開車，而給了他們不開車的信用額度呢？**

**巴菲特：**汽車保險公司開始在他們保單上面進行改變，我們計畫提交25億的成果。當然，每個人都還是想開車的，只是開車的里程數更低了，隨著開車里程數的降低，我們能夠節省投保人的保費，現在很多客戶都能夠拿到兩個月或更長時間的折扣。此外，我們還面臨競爭對手的競爭，因此我們會給投保人較長的支付期限，只要他們不取消保單。

【提問11】現在疫情對我們保險公司的影響如何，有很多保險公司的報告中已經開始出現損失。我們看到賠錢的情況並沒有那麼嚴重，現在，在保人、在保公司在這次疫情中的遭遇跟伯克希爾承保的情況有什麼樣的變化？

**巴菲特：**這中間已經存在一些投訴或訴訟的狀況，以後的一些訴訟可能會非常大，因為訴訟的一些結果是非常大的成本開支。汽車保險業是我們現在保險業務的一個比較大的部分，所以，在訴訟得出來結果之後才可以看到更明顯的結果。我們在想這些商業上平行的災害或者是風險，有些人會在所謂發生變故的時候才要買的這些保險、保單上面的保險條約，但是在我們保單上面的語言來講，並沒有保到業務在進行中斷的時候或者是發生變化時候的一些保險，但是其他的一些保險政策，當然我不能夠以偏概全來告訴你都是一樣的，但是這中間涵蓋的保區在業務耽誤或者中斷的時候，也許會發生這種情況，疫情就是其中的情況之一。標準語言在我們的保單上，如果說您在業務耽誤了之後或者是得到了您今天實際資產上面的損害，才能夠進行支付，當然你可以買更多的一些支付。

大疫情是否能夠投保這些事情，這跟我們的汽車保險上面的一些政策是不一樣的，也許我們會有理賠或者是提速的一些情況，我們的公司跟其他的公司也許還是不太一樣的，或者是再投保的情況，也許會有更多重的平行的擔保，但是有些業務的中斷並不是包含在內的。

有一年，在我們公佈年度報告之中，也有這種情況，我們有一個化學工廠，鄰居發生了火災，我們的工廠也被波及了，也遭受到損害。我們在賣任何汽車零件，結果今天因為汽車行業罷工，我們的汽車零件行業也波及了，但是不是也會有這種業務中斷的保險的損失呢？不會的。

現有的狀況，中間爭議的部分還是很多的，這是毫無疑問的。有些保險公司會付很多保單上額外的費用，但我們已經有儲備了，我們還是在比較傳統、保守的區域進行保險業務。我們不會告訴我們的經理人哪一個數字必須在今年一定要得到，他們會自己評估損失，建立自己的業務，再把社會上的通脹或是其它的因素考慮在裡頭。伯克希爾有時候在做評估的時候還是非常正確的，我沒有任何疑惑。

**【提問12】我是十年的持股人，伯克希爾是不是以後也有大疫情的保險呢？**

**巴菲特：**我們保的行業非常多，曾經有一天也會有人來找我們，說我必須保一個什麼險，這個險大概有100億的保險額度。我們聽上來要保100億的資產，我們可

能不會接受這樣的保險，但如果有人需要，我們會承保一些大疫情保單，如果價錢合適，我們也會承保的。

我們沒有不情願做的事情，會給你一個保險的報價。當然如果說是一個非常非常毫無限制的一些投保可能，我們是不會給你承擔保單的。所以，要根據投保支付的保額的價值以及投保的範圍來決定。

所以，一些不尋常的投保，不管它的範圍有多大或是金額有多大，這些是我們不會保險的範圍，比較可疑的東西我們是不會做的。但如果有正確的價值，我們會開始進行這些大疫情的承保。

【提問13】我從阿拉斯加來，標普500現在是不是面臨一個很好的投資情況？在現在市場下滑的階段是不是比較好的投資階段？沃倫，你是不是在這種情況，有些公司需要資金的時候，跟他們能夠開始溢價，取得一些更多的情況。現在的情況不見得有這麼多而且這麼長的時機可以找到，伯克希爾公司是不是可以在沃倫跟查理不在的時候也可以這麼做呢？

**阿貝爾：**如果沒有沃倫跟查理，我沒有看到伯克希爾會有文化上的轉變，最大的一個部分就是我們有商業上的睿智，能夠在經濟上做出更加理想的部署，而且可以立即做出反應。不論查理和沃倫在不在，我們都做同樣的工作，我們的團隊非常有才智，而且伯克希爾的這些管理團隊所有的經理人都有這樣一些能力。

**巴菲特：**他講的是對的，我們的經理人如果沒有這樣的能力，我們是不會保留他的，我們有三個非常有價值的經理人，他們在尋找我們的資金以及尋找我們的投資物件上來講，都是非常數一數二的佼佼者。對於伯克希爾公司來講，有了他們三個人，在尋找資金上面會繼續有更好的表現，不管我跟查理在不在，他們都能夠做得麼好。

**【提問14】伯克希爾現在有沒有美聯儲或是國家開始保護你們脫離困境，接受他們的一些補助？**

**巴菲特：**航空公司有這樣的情況，我們有在航空公司投資，但我講的這些問題是，我們沒有任何全額擁有這一類的公司，葛列格，我們有沒有任何的公司接受了政府的救助？

**阿貝爾：**沒有。我們現在所有的這些業務之中都沒有，我們都瞭解伯克希爾的

每一個公司是什麼樣子，今天講到政府補助項目我們是沒有的，我們全額擁有的公司沒有參與。

**【提問15】有很多持股人特別是持有B股的人，在比較小的子公司裡面而被封城的情況影響到。今天因為有了這樣的情況，他們也許可以達到能夠符合借款的標準，你會不會繼續使用這樣的一些借款，保持原來的員工呢？**

巴菲特：據我所知，我們並沒有任何的公司已經開始在使用政府的補助的基金，我不能講具體哪個公司，但是我可以保證，我覺得他們有很好的將來，但是我不想現在講一下我們目錄上的每一個公司怎麼樣，因為有些我也不知道答案。我們在以前就已經決定了，如果疫情還在繼續，而我們的報紙如果能夠讓他們獨立經營，可能會有更好的生存的機會，或者其他的公司可能能在管理方面做得更好，我們會讓位給他們。

我不會把我所有的錢放在任何一個公司，這也是我堅持為什麼買指數基金的原因，儘管這個公司我可能跟它很親密，但我也不會把我全部的錢放在一個公司裡面。因為在這個世界上，你經常會得到一些驚喜，你可能覺得這個公司運營得很不錯，但是沒有我們預想的運營得很好。相反一些公司我們覺得做得不好，但是他們做得會比我們意想的要好。

## 【提問16】請阿貝爾講一下PPP政府貸款。

阿貝爾：我們並不知道我們下屬的任何企業現在有接手政府這樣的貸款，我和這些公司的對話中，我也不知道有任何公司在申請。他們在疫情之後，這些公司都應對的不錯，不論是中等級別或者是更小一點規模的公司，他們都處在比較堅實的基礎和非常強勁的地位裡面。

疫情之後，可能最終用戶的行為會有變化，公司的消費者人群可能會有變化，或者是人們的消費習慣上產生變化。但首要需要考慮的，是挺過這個疫情期間。而在疫情期間，我們下屬的公司基本都處在比較強勁的位置。

巴菲特：我們不知道疫情會持續多久，沒有人知道。但是病毒在某種程度上面，可能在擴充的過程之中傳染力會下降，也許它會慢慢地消失，在秋天再次回來。即便秋天過後，病毒又回來了，這也是由病毒決定的，病毒將來能夠決定我們的行為。雖為我們現在做了很多非常明智的事情，我但是有太多的未知因素。

從經濟來講，存在這麼多未知因素的情況之下，我們需要不斷地保持對我們的經濟情況進行衡量。現在，只能說在今後的幾個月裡，不能確定會發生什麼事情，今後6個月你會做什麼，或者是一年之內你會做什麼，誰都不知道。

**【提問17】您剛才講到你還是鼓勵對標普500基金進行投資，過去我聽到這些基金經理們說積極性的投資已過時了，長期的狀況可能會進入被動投資。今後十年，您對投資者有什麼樣的建議？**

巴菲特：我還沒有改變我的遺囑，我的遺孀會擁有95％的指數基金。這方面對於很多人來講，給別人做標普500基金做諮詢的人並不一定能夠賺到很多諮詢的錢。美國的投資已經過時，我嚴重不同意，因為在標普500基金上面做投資，我覺得沒有理由、沒有原因說不能夠在這上面做投資或者是停止在這上面做投資。

另一方面，它們收的費用可能比較高，然後它們可能會挑選某些不同的基金。基金經理會說服你，他們可能能做出很好的投資回報率，但是要收你們很多費用來參加他們的基金，就像歷史的資料證明，他們在這上面收費非常高。所以，各個行業在跟他們進行交易的時候，要付給這些銷售代表很高的傭金，也就是賣這些基金賺的錢比經營管理賺的錢要多。

**【提問18】**我作為持股人，在過去5到15年投資標普基金，目前我覺得伯克希爾的表現是低於標普500的表現，疫情之前也是在標普的表現之下。現在我是不是應該賣你們的股票呢？

**巴菲特：**我相信這個事實，我建議大家買標普500的股票。伯克希爾的股票和任何一個單獨的投資比起來都是毫不遜色的，我們賺來的回報也是合情合理的，但我不能夠保證你，我們一定會比標普500做的業績更好，但我和我的家庭成員所持有的股份在伯克希爾裡面，所以我非常關心長期伯克希爾的經營效果和表現。我會努力讓它的表現好於標普500指數。

阿貝爾：我同意你的講話，我希望我們的團隊、經營伯克希爾的人，是盡最大的努力做經營管理的工作，我們不能給你保證一定會有最好的收益，但我們的努力一定是最大的努力。

**巴菲特：**我們不知道將來會發生什麼事情，但我現在能夠跟你說的是，比起3700多億，管理500萬是更容易的。大的聯邦性的機構可能會比我們基金的規模更大，但在某種情況下，管理這麼大的基金，對我們來講更困難。

**阿貝爾：**我們剛才講到了能源公司，它們的購價是在不斷變化的，今後十年，在基本的基建和構架方面，工作前景非常好。

**巴菲特：**我們自己在能源業上面所處的地位比其他所有人都好，過去20年的資料來看，一般公開的公司做這方面的事情是很困難的。我們在這方面的工作是非常遵循邏輯的，而且我們的構造非常合理，因此我們管理得很好。而在保險業方面，有沒有人能夠比伯克希爾做得更好，所以我們會繼續在這個行業裡努力。

**【提問19】您今天講公司是不是要投資部署一些資金，而查理並沒有這麼做。沃倫先生，在講到未來管理的時候，您可不可以提一下吉恩？**

**巴菲特：**吉恩是我們最棒的一個人才，而且他跟我們已經工作了好幾年了。他對於保險業真的懂得非常多，是獨一無二的人才，但是他現在不是在資產分配方面工作。所以，保險公司給了我們更多的支援，他是我們非常非常重要的一個人才上的大的支柱。在我們的資產配置上面來講，他們做的工作是不一樣的。我們不是自動地到任何一個位置做任何一個工作，是需要看不同的才能。我的健康很不錯，查理的健康也是非常理想的。

【提問20】我們講到資產配置的問題，您剛剛講大概46%在二〇一九年的時候進行了分配，您是不是可以跟我們再講一下在資本開支降低或者是折價的情況，到底哪些能在投資股本上得到更多的吸引力？我們持股人在做了伯克希爾的投資之後，應該怎麼想？

**阿貝爾：**我們看一下伯克希爾的能源公司，我們真的要考慮的是也許有不同配套的情況，哪些能夠維持現在的資產，比如十年、二十年甚至三十年之後，或者是會非常有效地能夠保持我們現在的業務，而且是在折舊的情況之下，還能夠再繼續得到我們現在的這些利潤。我非常高興，今天已經有的這些資產，在取得了伯克希爾能源公司之後，我們的折舊現在是非常非常適當的，我們也可以維持我們現有的一些資產，我們原來的投資現在還是得到了很適當的回報。

但是您要開始保持您現在的資產，資產的計算上我們也花了很多時間。我跟沃倫講到它的重要性，所謂增加的一些資金，也許我們還要再去找更多的一些機會。比如服務上面，還有可再生能源的投資等等，必須有真正資金的取得，才能驅動我

們能源的商業。在這兩個情況之下，在折舊以及增加資產的情況，我們在配置、實施的情況下，我們叫增加性的資產的開銷。

**巴菲特：**多少錢呢？大概是400億。

**阿貝爾：**所以，在工作上可能會有這麼多的需要。400億在工作需求上的資金，在以後9年到10年是有所需求的，大約一半是在維持我們現有的資產上面，這些是慢慢逐漸增長的。我現在講的是我們現有的一些專案在進行之中，必須要維持的成本。另外還有300億將是我們業務以後增加的機會，當然還有變電站在二〇二〇年已經開始了，我們在二〇〇八年買到的這家公司，我們投資的一些資產已經開始得到回報了，這就是我們的機會。

**巴菲特：**我們在「播種」上面做了很多工作，您聽到的雖然不是能夠超級獲利的公司，但在經過一段時間之內，總是會增資的。它的獨特性，也就是我們在配置我們資本的時候，有的時候要花比較長的時間，但是也會得到相應的報償，能源就是這樣一個行業。這些工作也許會支援20年，或者是有更長的支持性。

**【提問21】我現在是持股人，西方石油公司在維持價值鏈，你們覺得西方石油公司的情況到底現在做怎樣的考慮？**

**巴菲特：**原油生產未來幾年會顯著下降，因為需求大幅下降，20美元一桶油價是讓油企沒辦法進行下去的，鑽井活動都會下降。不知道未來油價是不是會顯著增長。產油企業的未來無法預測。如果油價一直處於低位，將會有大量的不良能源貸款，而將無法想像股權持有者會遭遇什麼。

如果你是西方石油股東或任何一家石油生產公司的股東，在油價走向方面你和我都犯了一個錯誤。在當時的油價上（這項投資）具有吸引力，但顯然在每桶20美元時不是，在每桶負37美元時更加不是。這就是為什麼石油產量在未來幾年會下降，因為開採賺不到錢。

沒人知道油價會走往何處，17美元、25美元都有可能。現有的一些狀況，比如說額外多的石油要存儲在哪裡，或者這些需求量是不是會增加，另外沙特（沙烏地阿拉伯）以及俄羅斯會做什麼樣的事情，這都是你不能夠理解，也不能夠預測的。或者說現在存儲的地點到底在哪裡，當然我們還會有石油在開採時候上下起伏的狀況，還是會發生的。

**【提問22】您有沒有長期對石油股本投資的方向？**

**巴菲特：**我想這中間會有非常巨大的資金，而且他們會舉債，這將影響到銀行或者是金融界，當然不會完完全全摧毀它們，這中間有大量的金錢在投資之中。現在再買油，等於是在油價上漲時候進行下注，石油的價格當然是有風險的，這些風險也在由這些產油的公司中開始發生，這些價格如果獲勝，可能這中間有些不好的，比如能源公司、石油公司倒閉，這些股本的持有人會發生什麼樣的情況，也由此可見了。

**【提問23】您可不可以告訴我們當前投資的合同，您剛才講60億，我們的責任又變成10億以下，之後又看到指標指數到了27億，之後又變成50億，這些問題到底是什麼樣的狀況？**

**巴菲特：**二〇〇四～二〇〇六年的狀況，我們曾簽署了大概48到50個合約，最短的是6年，最長的是20年。那時的價值大概是48億，這是我們那個時候希望得到的結果，我們也同意的結果。他們在那個時候，我們賣的時候，在當時到期的時候，我們有很少的例外，我們交易的條件是沒有抵押品，我們得到了48億。

我們一開始正常的價值是在300億到350億，道瓊和日本的股票市場都是跑到了0，有些是完全滿了。我們現在有140億，我們這方面還沒有付出很多紅利。如果所有的都歸零，140億歸零，或者是我們把所有的東西都賣出了，資產負債表上我們覺得它成不了我們的一個負擔，目前為止我們還不錯，不是非常多的錢。

目前為止，我們的潛力是什麼呢？如果價格上升，我們可能會非常有利。如果它下降，對我們有所影響，但還是不錯。目前來講即便發生了什麼樣子的問題，還沒有給我們造成大的問題，我們目前為止還沒有到期。但是有些可能到二〇二三年到期，也許有20%—25%是在今年晚些時候到期。

所以，你問這些問題可能不太知道我們的底線在什麼地方，我們中間到底有什麼樣的責任，合同履行的時候具體的條件他們可能不是很瞭解，但是我們在合同的履行方面還是做得不錯的。最重要的是有一兩個非常小的意外之後，我們從來沒有同意我們要為這個合同放抵押品。我們當時做交易的時候，我們我從來不會讓我們進入這個位置，在任何時候我們可能有很多負債的可能性，或者是我們要負擔的責任，我們都不會這樣做。

【提問24】目前為止你們現在看到的情況有沒有一種傳言，說你們公司會被分拆開，如果現在有250億的紅利，你們能不能夠繼續保持目前伯克希爾的結構？如果不能夠承擔這個責任，你應該給我們講得清楚，你們對我們股票持有人應該持有的是什麼樣的責任？

**巴菲特：**如果我們要賣伯克希爾下面的一個分公司，我們公司一級就會產生很多稅，就會分攤到我們的股票持有人身上，這中間可能會做一些修改，能做其他一些變動。但從公司來講，你要做出售相關公司的決策，肯定會在稅收上面出現更複雜的問題。如果我們想把伯克希爾拆開，稅就會成為其中一個重要因素。

儘管我所有擁有的伯克希爾的每一股，我將來都會捐獻給慈善，我會告訴每一個人，對於所有的股票持有人，如果要分拆的話，也許是一個好的結果，但是你要承擔很大的稅收方面的費用，要承擔不光稅收費用，還有其它費用。如果財富的稅收方面有變化的話，也許有這樣的情況，但是我的計畫，經過很久的考慮，這樣不僅能夠保證我們的資本，我積攢下來的所有伯克希爾資本也能夠繼續保持在我們的家庭。

**阿貝爾：**在我們做資本部署的時候，我們現在可以對我們的股票持有人不產生直接的影響和後果，我們在做這些資本轉移的時候，目前的構架下也不會受任何影響。

【提問25】歐洲、日本和這邊的股票都在下降，伯克希爾的保險公司因為保單的人都先把錢付進來，你在保單事先付錢的情況下，你在這邊的收益還是負數的話，會造成什麼樣的影響？如果利率降到了0以下，對這個保險業會是什麼樣的影響呢？

**巴菲特：**負面的影響已很長時間了，我們必須持有相當的股權，在過去十年發生的情況是非常令人驚奇的，在這個時間我曾經有過錯判。我們有的資金有很大一部分部署在國庫券上，從長期來講是很糟糕的投資，收益很少。如果在世界各國利率都變成負的，而且是很長時間，我必須要親眼所見才能相信這個事情會發生。如果你有負利率，同時還能夠有更多的錢，能創造出更多的生產力，我們覺得這會是在經濟上面最有趣的一個問題。

現在的利率是零或者是負的，我們現在做的很多事情我們都不能預期到將來的後果是什麼，但是這些事情肯定是會有後果的，現在的後果可能是被人為地壓制到

在更遠的時間才能顯示出來，但是這些問題最後會應該達到均衡的答案。

【提問26】伯克希爾是非常大的公司，淨值也很高，你也做了很多資本密集型的產業投資，比如說鐵路，你所有的資產募集這方面的投資有多大的風險？尤其是借債到期的時候怎麼辦？從稅收的負擔角度來講，你們怎麼考慮對這些密集資本公司的投資？

**巴菲特：**稅收的稅率更有可能提高，政府想對企業施加更多的影響，一般是是通過稅收。在能源業包括公用事業的投資，本身就是需要有更多的資本投資，資本密集型的這些公司，從性質來講，它們總是需要這樣做的。而一些低資本的行業，不需要那麼多資本，也能夠創造出很多營收和價值，我們也非常喜歡他們，但是這些公司不需要我們注入極多的資本還是可以運行得不錯。

所以，哪些公司如果是不需要注入極大的一些資本還是能夠繼續賺錢，這就是我們想要的。我們的保險就是在用這樣一些資產，保險業務其實不需要再注入更多的一些資金，但是我們可以用保險公司取得的這些利潤再進行投資。所以，保險公司在我們剛剛講的這些行業中是非常適合的。

**阿貝爾：**我們希望進入不需要太多資本注入的公司來進行投資，但也需要考慮到通貨膨脹，如果我們進入了通貨膨脹，可能沒有很好的保護，但是有的時候還是能夠取回或者是在環境改變之後，再收取回來。當然，必須要有真正理想的投資回報率，我們才會進行投資。

**巴菲特：**我覺得我們投資鐵道是對的，我們已投資了很多資本在裡面。我的觀點是，這是一個非常堅實的業務，我們買的時候已經擴展了非常大，它會賺取更多金錢。如果沒有發生通貨膨脹，還會賺更多的錢。同時，很多能源上面的項目也是如此。

【提問27】現在前所未有的一些情況已影響經濟狀況，是不是美國政府已開始對它所有的補給資源突然就不做了？或者是它開始不做這些補助了？比如現在國庫券上面會不會發生止贖的情況？

**巴菲特：**應該不會，美國的政府以及人民都是非常聰明的，我對我們自己的貨幣是有絕對信心的，所謂的債務是在自己的貨幣上面，很多國家也有自己的問題，而且未來也有相應的問題。

如果今天要對我們政府的信用進行下調，對我來講這不是很有道理的事。哪個政府會比我們現在的美國政府還要強大呢？因此，不要擔心政府會對你失去信用的情況，政府雖然是負債，但它還是不會不付給你這些債券的利息。

## 【提問28】請談下伯克希爾回購的情況？

**巴菲特：**回購的情況得到了一些不同的反應，很多回購的情況其實是非常簡單的，回購是非常簡單的事，就是分配現金的方法。

比如你、我、阿貝爾，三個人決定要買一個汽車經銷商，我們現在每一個人放下一百萬的投資，我們三個人相處得不錯，業務也進展得不錯。今天有一個人說我現在把賺來的錢想花掉，另外兩個人想說我現在還是要把賺的錢放在業務之中讓它繼續成長，我們三個人就開始討論了。我們不會說每個人都拿100％紅利或者是股息，我們也不會凍結某一個想離開我們這個合夥機構的人。我們就發生了回購的狀況，這個人想把他的股息花掉的人，於是這兩個人就說「好，我們把你的股份給回購過來。」當然他們留在這個業務裡面的錢及跟另外一個股東買回來的錢，如果稱它為「股息」或者是什麼，都可以。回購就是這樣，你就把這部分錢向今天想出售他股份的錢進行購買。就是這樣子。

我二〇〇六年開始放棄自己持有的股份，得到我股份的等於他在回購我們的股票，這些上必須花一些錢，而且他們非常高興能夠回購。比如在伯克希爾公司，還有更多的資本，即使我進行了回購了，等於我回購的資本還在公司裡面，這些需要現金的人可以把這個錢抽掉出去，我不會強迫任何人，或者我的妹妹，或者其他的股東必須把錢抽出去，也許他們不需要這個錢，還需要再投資，把這些錢保留在公司的持股裡頭。所以，公司的位置其實不會改變，我們公司有足夠的資本，我們還是要繼續的成長。

不過，會不會繼續回購公司股票也要視情況而定。如果你今天回購的價格比它現在的現值低，這是一個合理的回購，這是我們今天要遵循的一個規則，不要認為今天這個公司在進行回購，就發生了所謂的風險或者災難，並不是這樣，我們能夠保持原有的資本，還可以以更低的成本買到現有的股票，你要買大概100億、50億都是可能的情況，這些是讓你覺得很放心的一種回購。我們進行回購的時候，那是一個非常智慧的舉措，我們還會持續這麼做。

**阿貝爾：**我們的回購可以增加股份的數量，這是沒有錯的事情。在另外一方面來看，我們喜歡的一些公司，完完全全照顧到所有要求的標準，而且他們的公司還

是非常堅持，如果發覺它的業務、它的股票、市值的價值比他們真正的價值低，你不去買這些股票，簡直就是錯誤的舉措

**巴菲特：**這些政治性是很多人在講的，當然，如果你今天是政客，你就可以講到政治的不正確，我們伯克希爾不是在考慮政治的正確與否，我們喜歡投資很多公司，這些公司如果是價值敏感，合乎我們需要的，我們還是會做的。

【提問29】我是一個長期持股人，而且我考慮以後要退休了，但我發覺這些股份的價值，A股跟B股到底是有什麼不同？我希望把這些錢放在以後我的退休基金之中，如果說我把某些股票賣掉，可能會有所謂現金增值上面的賦稅。如果我賣了一些A股，中間可能要付20多萬的錢。如果是B股，可能不需要賣那麼多股份，可能就不需要付那麼多稅務。

**巴菲特：**在賣A股和B股之間，做退休基金的只有上面可能會不同。如果是把A股轉換成B股的情況，這只是我們曾講過的一些事情。如果是以贈與的方式，我們那個時候也是很多人A股轉換成B股，對很多人來說是非常有益的。你不是把A股拆分成很多B股來進行贈送，A股轉換成B股是我們常看到的事情。我在14年之

中也進行了一些捐贈，也是從A股轉換成B股進行的活動。以前我們曾經還把B股進行了拆分，讓B能夠更好地進行管理，A股當然在投票的權益上有更多的加權，但是沒有什麼錯誤。

所以，A股跟B股的比較是絕對不能夠放在同一個天平上進行衡量的，從A股轉換成B股，在一段時間被對待的結果是不一樣的。雖然A股可能有更多投票權，但是他們在買賣上面是同樣對待的。如果你想得到更多的現金，你有很多A股，你就把A賣出去。很多人是這樣做，把A股轉換成B股，就可以給自己發一些現金。

**【提問30】**您講過，因為你現在非常好地工作的話，由於疫情對負債有很大壓力，將來這方面可能會有爆炸。你怎麼能夠確定在銀行投資的時候，確定這些銀行家是真正可以做好銀行家職責、角色的人呢？

**巴菲特：**二〇〇八年的政策，導致銀行牽扯非常多的行業，在目前這種情況下，美國的銀行系統不是問題。因為疫情，政府的人員自願要把城市、經濟關閉起來，這不是任何人的錯，這些是人力不可抗的。

銀行需要有監管，使得銀行有良好舉動和行為，銀行目前應該是處在非常良好

的位置。我們給銀行這麼多投資，而且在某些年裡，我們是追加了投資，而這些銀行發展的非常好，把他們的資產負債表做得很漂亮。

但銀行這樣的機構，要運營起來是用別人的錢，如果這個事情變得非常嚴重，即便是很強壯的銀行也會受到很大的壓力，除非政府在後面給他們做後盾。所以，目前為止我沒有在銀行業看到很大的問題。總體來講，銀行體制目前不是很大的問題。

## 【提問31】我在3月份沒有買伯克希爾，當時的價格下降了30%。

**巴菲特：**和1、2月份相比，3月份我們在非常短的時間下跌了30%，但伯克希爾的股票價值並沒有多少變化，是市值會發生變化。和3個月、6個月、9個月之前比，現在是更應該買伯克希爾，但是我們要看將來怎麼樣。

阿貝爾：我們目前的這個處理方法對我們的股票持有人來講是好事，而且我們對這個市場目前的看法也沒有變化。

巴菲特：當然和我們的價值比起來，一年之前和現在相比有些股票價值下降了，比如航空業。我當時在航空業做了投資決定，現在伯克希爾的股票的確是比過去降低了，但對我來講，不覺得我們有大的變化。

**【提問32】關於在信用卡這個行業裡邊，這麼多年信用卡收的利率越來越高，但目前來講政府的利率又這麼低，從這個角度來講，信用卡將來會不會降低他們的利息呢？**

**巴菲特：**這些都會影響到伯克希爾．哈撒韋公司購買的銀行股票，包括美國運通，當然對信用卡公司來講，這也是一個競爭，因為這方面虧損的可能性會降低。對於這些信用卡，我們伯克希爾本身的興趣並不是太大，但是我們知道，使用信用卡，可以把它做可以使用的另外一個來源。比如，有一位女士到我這邊，她有了一定的錢，並不是有很多的錢，她說我拿這些錢要怎麼辦？我說還你的信用卡。她欠了某一個數目，我不知道她欠了多少錢的利息，銀行收18％，我都不知道怎麼能夠有18％的利息，我都沒有這麼高的收益。如果我有任何錢，我都會保持任何信用卡的債務，我會把它馬上付清，因為利率這麼高。之後，她談到她的女兒，她有一千或者兩千美元，這一兩千美元我怎麼做？我跟她說讓她把錢借給你，如果你願意多付8％的利率給銀行信用卡的債務，你幹嗎不把這個利息付給你女兒？

我鼓勵所有人，如果你有錢，把信用卡的債務降下來，即便是12％，也不應該付給信用卡公司，把信用卡的債務完全還掉。有的人希望建立自己的信用，願意不斷地付信用卡的利息。

**阿貝爾：**我有三個小孩，他們用信用卡很小心。很多人用很多信用卡，尤其進入電子世界、網上商務，他們都使用信用卡付錢，因為你現在必須使用信用卡做交易才行。風險增加了，但對很多人來講，這是很方便的事情。

**巴菲特：**我會有困難，如果我借錢付了12％的利息，我覺得這不是一件好事，就是伯克希爾也不會付這麼多。

## 【提問33】關於政府做出工資稅保護的這個政策，您是怎麼看的？

**巴菲特：**這是一個非常好的主意，照顧到不能夠照顧自己的失業人群，這是非常好的情況。每個人都有各自的情況，照顧到這些失業的尤其是在疫情中受到傷害的人們是一件好事。

現在沒有人知道疫情會持續多長時間，現在有幾百萬人擔心，他們疫情之前並不需要擔心，也沒有做什麼錯事，但現在他們都失業了，被暫時遣散，因此我甚至要褒獎一下政府。

**【提問34】我是伯克希爾股票的持有人，現在已經開始進行新的工作，比如在社區以及醫療界工作，這些人我們要怎麼照顧他們？怎麼才能支援他們在這些醫療界服務的人？**

**巴菲特：**任何情況來講，一些比較貧苦的或是經濟劣勢的人，他們已遭受到比較痛苦的情況。有的人必須要工作24小時，他們需要辛勤地付出心血以及為大家工作，我們要怎麼幫助這些人呢？這個國家曾經做了很多善事，但我們是一個比較富有的國家，做這一類工作的人們，他們的貢獻比我們其他一些人更大，當然我們在做其他一些工作的人也是有所貢獻的。

大部分從事醫療工作的人員我們都瞭解，在正常的一些情況，人均GDP是6萬美元，而且還可以過得不錯，養兩個小孩應該綽綽有餘，但每一個人都不應該被丟在後面，我們現在不是在講這個家庭已非常有錢了，或者是五年、六年之後，可能會選一個最好的、最有才智的人來經營這個事業，或者是我們是比較好的公民，或者是哪些人最會做生意。你要看到他現在的這些技能以及在市場上是不是真正能貢

獻給社會的一些技能，我們不能以18世紀的一些方式來進行衡量，我們已朝著這個方向走了，一開始有了所謂社會保險的制度，這個國家已經做了一些改善，我們的國家已變得非常非常得富有了，很多事情已從最底層增加了至少20%。我希望我現在是在20%的人群，但我不希望我是50或60年前的社會最底層。我們現在的社會，跟百年之前想比現在的情況還是比較理想的，而且我們現在的標準也設立得更高。

**阿貝爾：**我今天特別提出來一個非常有趣的話題，在家裡教導小孩子讀書的人，我們那時常常講到，我們很尊敬老師，但是我們對老師的照顧是不夠的。很多人講以前我們都不知道老師有多辛苦，今天在家裡如果有一個8歲的小孩，對母親來講意味著面臨很多的挑戰。所以，這些老師們是值得尊敬的。我們員工裡面在家裡教導小孩的這段時間，我們要怎麼樣讓我們的小孩更安全，不要讓他們超出界限進行危險活動等等。另外還有我們一些工作人員在提供食物或者是在供應一些東西，我要對這些人員予以致敬，希望在長期情況下，我們能夠好好地謝謝他們，給他們更多的敬意。好多種類的一些職業都是值得我們尊敬、感激的。

【提問35】很多媒體還有我們國家也對資本家進行批評，我們的系統對資本主義如何評價？

**巴菲特：**你今天如果讓這個市場完全不被掌握，它是非常慘痛的。我們的國家的市場系統以及它的這些功能在全世界各地還是一直在進行改善，而且有非常積極改善。市場系統是非常棒的，而且在各個方面我們也都覺得非常好，但絕對要由政府在進行領導。我們已經營造了這樣一個架構，如果今天要完完全全摧毀它，在這個行業裡面講是非常慘痛的戰爭。

對於現有的一些系統，我不想再有一些資本上的改變，或者是提出更多不適合現在制度的一些資本主義，我們國家或者我們的社會還是以資本理論為重的，有很多思維已提出來，如果我們還是在過著以前的原始生活，以你現在的技能來講會發生什麼樣的狀況。再倒回去看，我們後來發展了無線電視或者是付款機制，一九四一年時道瓊指數只有四百多點，今天有了怎麼樣的變化，沒有一個人可以判斷，即便是體育場人數的座位也增加了很多。因為我們市場一些制度而發生了這樣一些改進及變化，這是一些非常公平的情況。我自己掌管的這些金錢，也不是我當初可想到的。市場一些制度，今天的勝者能怎麼樣都可以無阻前進的方式，今天我們努力地工作或者是仔細地構思，都可以得到這樣的結果，當然這中間還有一些隨機發生的情況，包括現在的一些狀況，我們可以把最好的一些制度在我們的市場制度中保留，確定每一個人都能參與今天繁榮的一些機制。

**阿貝爾：**把最好的部分給保留住，這是我們的想法。講到現有的狀況、環境，即使我們現在有疫情發生，我們只要適當地開始進行管理，有時候這個狀況其實還是最好的一些機會，這個系統就會走上正軌的。中間有些不完美或者是有瑕疵，可我們現在的市場制度還是一個最好的、最適當的，當然也需要一些微調。

## 【提問36】請談一下格雷厄姆（巴菲特的恩師）。

**巴菲特：**格雷厄姆是我認識的最聰明的人之一，但他並不是有超高的智慧。格雷厄姆教授喜歡做的一件事是每天做一件非常有創造力的、非常慷慨的但有些人看起來是非常愚蠢的事情，他說他做「愚蠢」的事情是做得非常好的。我認識很多人，他們都具有高智慧，如果智商考試的時候可能是屬於最高的3％群體。但如果他進行判斷的話，可能就不足為道了。我情願選一個比較努力而不是智商特別高，但在做決策的時候常常出亂子的人。

有些時候我們會碰到不高興但是驚訝的事發生，美國對現在的狀況怎麼樣進行反應，有各個方面的可能性。但是我今天要做一個結論，對每個人來講努力做好事情都不是難事。希望明年我們可以填滿這個體育場，再見。

第3章

# 巴菲特二〇二三年致股東的投資報告

93歲巴菲特二〇二三年2月25日高談投資「大智慧」：股票「有效市場」只存在於教科書中，要關注公司長期利潤，重視股票分紅，但不必過分在意一筆投資的失敗。

致伯克希爾哈撒韋公司股東：

我和我的長期搭檔查理．芒格，我們的工作就是管理大量股東的儲蓄，能獲得大家長久以來的信任，且這種信任往往能貫穿一生中的大部分時間，我感到非常榮幸。當我在寫這封信的時候，腦海中浮現的是那些專注的股東們。

一般來說，人們的普遍觀念是，年輕時進行儲蓄，希望以此維持退休後的生活水準。去世後，遺留的所有資產通常會留給家人，也可能是朋友或慈善機構。

但我們的觀點有所不同，我們認為，伯克希爾的股東基本上是「儲蓄一次，儲蓄一世」的類型。儘管這些人生活優渥，但他們最終會將大部分資產捐獻給慈善機構。反過來，慈善機構又會用來改善許多與原始捐助者無關的人的生活，從而重新分配資金。有時，產生的結果是驚人的。

一個人如何對待金錢，暴露了他是個怎樣的人。查理和我很高興地看到，伯克希爾產生的大量資金流向公眾需求，以及我們的股東很少關注伯克希爾資產和帝國建設。

誰會不喜歡為我們這樣的股東工作呢？

# 一、我們所做的

查理和我將股東在伯克希爾的儲蓄分配成兩種相關的所有權形式。首先，投資于我們的全資控股企業，通常購買公司100%的股權。伯克希爾在這些子公司進行資本配置，並挑選負責日常運營決策的首席執行官。當管理大型企業時，信任和規則都是缺一不可的。伯克希爾對前者的強調達到了不同尋常——以至於有人會說是極端的程度。失望是不可避免的，我們可以理解商業錯誤，但我們對個人不當行為的容忍度為零。

在我們的第二類所有權中，我們購買公開交易的股票，通過購買這些股票，我們被動地擁有部分業務。持有這些投資時，我們在管理方面沒有發言權。

我們在這兩種所有權形式中的目標都是，對具有長期良好經濟特徵和值得信賴的管理者的企業進行有意義的投資。請特別注意，我們持有股票是基於我們對企業長期經營業績的預期，而不是將其視為熟練買賣的工具。這一點很關鍵：查理和我不是選股高手，我們是選擇商業模式的人。

這些年來，我犯了很多錯誤。因此，我們廣泛的業務集合目前包括少數真正具有非凡經濟效益的企業，許多企業具有非常好的經濟特徵，以及一群龐大的邊緣企業。在這一過程中，我投資的其他企業已經消亡，它們的產品被公眾拋棄。資本主義具有兩面性：一方面制度造就了越來越多的失敗者，但同時也帶來了大量改進的商品和服務。熊彼特稱這種現象為「創造性破壞」（creative destruction）。

我們的公開交易部門的一個優勢是，偶爾可以很容易地以極好的價格買到非常優秀的企業。重要的是要明白，股票會不時地以愚蠢的價格交易，可能是高也可能是低。「有效市場」只存在於教科書中。事實上，有市場的股票和債券令人困惑，它們的行為通常只有在回顧時才能理解。

被控股企業是另一種類型，有時它們的價格比合理價格高得離譜，但幾乎永遠不會以低價出售。除非受到了脅迫，否則控股企業的所有者不會考慮以恐慌性估值出售。

在這一點上，我的成績單是合適的：在伯克希爾58年的管理中，我的大部分資本配置決策都不過馬馬虎虎。此外，在某些情況下，我沒走好的棋也靠著很大的運氣得以挽救。（還記得我們在美國航空和所羅門公司險些發生的災難中逃生的故事嗎？我當然記得。）

（譯者注：美國航空USAir和所羅門公司是巴菲特投資史上兩個十分著名的失敗案例）

我們令人滿意的結果是十幾個真正睿智決定的產物——大約每五年一個——以及一個有時被遺忘的優勢，它有利於像伯克希爾這樣的長期投資者。讓我們來窺探一下幕後的情況。

## 二、秘密武器

一九九四年8月——是的，一九九四年——伯克希爾完成了為期7年的收購，購買了我們現在擁有的4億股可口可樂股票，總成本為13億美元——這對伯克希爾來說是一筆非常大的數目。

一九九四年我們從可口可樂公司收到的現金股利為7500萬美元，到二〇二二年，股利增加到7.04億美元。這樣的增長每年都在發生，就像生日一樣確定。我和查理所要做的就是兌現可口可樂的季度股利支票。我們預計這筆金額很可能會增加。

美國運通的情況大致相同。伯克希爾對美國運通的收購基本在一九九五年完成，巧合的是，也花費了13億美元。從這項投資中獲得的年度股利已從4100萬美元增長到3.02億美元。這筆金額似乎也很有可能增加。

這些股利收益雖然令人高興，但遠非壯觀。但它們推動了股價的重要上漲。今年（二〇二二年）底，我們對可口可樂的投資價值為250億美元，而美國運通的投資價值為220億美元。現在這兩檔股票約占伯克希爾淨資產的5％，與很久以前的權重相當。

假設我在上世紀90年代犯了一個類似規模的投資錯誤，這筆投資在二〇二二年仍然價值13億美元（比如30年期高等級債券）。這筆令人失望的投資現在只占伯克希爾淨資產的微不足道的0.3％，但仍將為我們帶來大約八千萬美元的年收入。

給投資者的教訓：野草會在鮮花盛開的時候枯萎，這同樣意義重大（*The weeds wither away in significance as the flowers bloom.*）。隨著時間的推移，只需少數勝利就能創造奇蹟。而且，是的，早點開始也有幫助，還能幫助你活到90多歲。

## 三、過去一年的簡報

伯克希爾在二〇二二年表現不錯。公司調整後的營業利潤（operating earnings）——我們使用公認會計原則（「GAAP」），不包括持有股票的資本利得——創下了308億美元的歷史新高。查理和我專注於這個實際數字，並建議你也這樣做。不過，如果沒有我們的調整，GAAP資料在每個報告日都會劇烈波動。請注意它在二〇二二年的波動，這並不罕見：

| | Earnings in $ billions | |
|---|---|---|
| 2022 Quarter | "Operating Earnings" | GAAP Earnings We are Required to Report |
| 1 | 7.0 | 5.5 |
| 2 | 9.3 | (43.8) |
| 3 | 7.8 | (2.7) |
| 4 | 6.7 | 18.2 |

按季度甚至按年度查看GAAP利潤具有100%的誤導性。可以肯定的是，在過去幾十年裡，資本利得對伯克希爾來說非常重要，我們預計在未來幾十年裡，資本利得將顯著增加。但是，媒體經常無意識地報導它們每個季度的波動，這完全誤導了投資者。

伯克希爾去年的第二個積極進展是我們收購了由喬·布蘭登（Joe Brandon)擔任董事長的財產意外保險公司Alleghany Corporation。我過去曾與喬共事，他對伯克希爾和保險都很瞭解。Alleghany為我們帶來了特殊的價值，因為伯克希爾無與倫比的財務實力使其保險子公司能夠採用幾乎所有競爭對手都無法遵循的、有價值且持久的投資策略。

在Alleghany的幫助下，我們的保險浮存金在二〇二二年從1470億美元增加到1640億美元。通過嚴格的承銷，隨著時間的推移，這些款項有相當大的機會實現零成本。自一九六七年收購第一家財產意外險公司以來，通過收購、運營和創新，伯克希爾的浮存金增長了八千倍。雖然在我們的財務報表中沒有得到確認，但這筆浮存金對伯克希爾來說是一筆非凡的資產。新股東可以通過閱讀A-2檔，看到我們每年更新的浮存金解釋來瞭解其價值。

（譯者注：保險浮存金指保戶向保險公司交納的保費。保戶交納的保費並非保險公司的資產，在財務報表中應列入「應付帳款」中，屬於公司的債務，當保戶出險時，須支付給保戶進行理賠。在巴菲特的投資中，伯克希爾的浮存金是其投資相當重要的「融資」來源。）

二〇二二年，由於伯克希爾．哈撒韋與我們重倉的蘋果、美國運通公司都進行了股票回購，伯克希爾的每股內在價值略微增長。在伯克希爾．哈撒韋，通過對公司已發行股份的1.2％進行回購，我們直接提高了您在我們獨特的持倉組合中的權益。蘋果和美國運通的回購也增加了伯克希爾的持股比例，而我們沒有增加任何成本。

這裡的計算並不複雜：當股本數量減少時，您持有的眾多企業中的股權占比就會增加。如果回購價格低於公司內在價值，那麼每一分錢回購對股東都有益處。當然，若公司以過高價格回購股票，繼續持有的股東會遭受損失。在這種時候，收益只會流向拋售股票的投資者，以及那些熱情推薦愚蠢購買行為但卻收費高昂的投資銀行家。

值得強調的是，如果回購價格低於公司內在價值，那麼公司所有股東將全方面受益。如果您願意，可以思考下面的例子：一家當地汽車經銷商有三個完全知情的股東，其中一個負責企業管理。進一步想像一下，其中一位消極的股東，希望將他的權益賣回給公司，而且價格對另外兩位繼續持有的股東有吸引力。交易完成後，是否對任何人的利益造成了傷害？經理是否比持續消極的股東更受青睞？公眾是否受到了傷害？

當有人告訴你，所有的回購行為都對股東或國家有害，或者對CEO特別有利時，那麼你要麼是在聽一個經濟文盲說話，要麼是在聽一個能言善辯的煽動家說話（這兩個角色並不相互排斥）。

伯克希爾二〇二二年的所有運營細節幾乎被概述在K-33到K-66頁上。芒格和我，以及許多伯克希爾哈撒韋股東，都喜歡仔細研究這部分列出的諸多事實和資料。不過，這幾頁也不是必讀的。伯克希爾有很多百萬富翁，沒錯，還有一些億萬富豪，他們從來沒有研究過我們的財務資料。

他們只是知道，芒格和我——以及我們的家人和親密的朋友——繼續在伯克希爾有大量投資，他們相信我們會像對待自己的錢一樣對待他們的錢。

這也是我們可以做出的承諾。

最後，一個重要的警告：財務報表中的「運營利潤」是我們非常關注的，但這些數字很容易經理人操縱，只要他們想要這樣做。通常，首席執行官、董事和他們的顧問們也認為，這種篡改行為是久經世故的。記者和分析師也把這一行為當做家常便飯。畢竟，打破「預期」也是管理上的一次勝利。

（不過，）這種行為真的很噁心。操縱數位不需要天賦，只需要強烈的欺騙欲望。一位首席執行官曾對我說，「大膽而富有想像力的會計」（Bold imaginative accounting）已經成為資本主義的恥辱之一。

## 四、58年，以及其它幾組數位

一九六五年，伯克希爾還只是一匹「只懂一種戲法的小馬」（即業務組成簡單），擁有一家歷史悠久、但註定要倒閉的新英格蘭紡織企業。隨著這項業務走向

死亡，伯克希爾需要立即有一個新的開始。回過頭來看，我當時遲遲沒有意識到問題的嚴重性。

但隨後，我們就迎來了一次好運：一九六七年，國民保險（National Indemity）成立，我們將資源轉向保險和其他非紡織業務。

就這樣，我們開啟了通往二〇二三年的旅程，這是一條崎嶇坎坷的道路，包括我們所有者不斷的儲蓄（即通過他們的留存收益）、複利的力量、避免重大錯誤，以及最重要——搭上「美國順風」（American Tailwind）。沒有伯克希爾·哈撒韋，美國也會過得不錯。反之則不然。

現在，伯克希爾擁有「無與倫比的龐大和多元化業務」的主要所有權。讓我們先看看每天在納斯達克、紐約證券交易所和相關交易場所交易的大約五千家上市公司。在這一群體中，有標準普爾500指數的成員。「標準普爾500指數」是一個由大型知名美國公司組成的精英集合。

總體而言，這500家上市公司在二〇二一年賺了1.8萬億美元。目前我還沒有二〇二二年的最終資料。因此，使用二〇二一年的資料，這500家公司中只有128家（包括伯克希爾）賺了30億美元或更多。事實上，還有23家公司虧損。

截至二〇二二年底，伯克希爾是其中八家巨頭的最大股東：美國運通、美國銀行、雪佛龍、可口可樂、惠普股份、穆迪、西方石油和派拉蒙全球。

除去8家標的外，伯克希爾還持有伯靈頓北聖太菲鐵路運輸公司（簡稱伯靈頓北，BNSF）100%的股份和伯克希爾哈撒韋能源公司（BHE）92%的股份，每個公司的收益都超過了上述30億美元的標準（伯靈頓北為59億美元，伯克希爾·哈撒韋能源為43億美元）。如果這兩家公司公開上市，它們將被收錄進那500強公司中。總體而言，我們的控股和非控股的10家巨頭，使伯克希爾公司比任何其他美國公司都更廣泛地與本國的經濟未來保持一致。（這一計算不考慮養老基金和投資公司等「信託」業務。）此外，伯克希爾的保險業務雖然通過許多單獨管理的子公司進行，但其價值與伯靈頓北或伯克希爾哈撒韋能源相當。

至於未來，伯克希爾將始終持有大量現金和美國國債，以及其他各種更加廣泛業務。我們還將避免任何會在關鍵時刻導致現金流緊缺的魯莽行為，哪怕是在金融恐慌和前所未有的保險損失的時刻。我們的首席執行官將永遠是首席風險官——儘管他（她）本不必承擔這項責任。此外，我們未來的CEO將有相當一部分的淨資產收益是用自己的錢購買伯克希爾股票而獲得的。是的，我們的股東將通過持續的獲得收益來保證儲蓄和繁榮。

伯克希爾，不會有終點線。

## 五、伯克希爾．哈撒韋繳納的「驚人」聯邦稅

在截至二〇二一年的十年間，美國財政部的稅收為32.3萬億美元，而支出卻達到43.9萬億美元，出現了嚴重的財政赤字。

眾多經濟學家、政治家及名人均對財政失衡的現狀發表了自己的看法，但查理和我卻自認對此知之甚少，但我們堅信如此龐大的財政赤字的糟糕的程度或許遠超市場所想。

我們負責管理伯克希爾．哈撒韋的運營和財務，希望公司能長期維持比較高的收益，並在金融風險加劇及全球經濟出現衰退時依舊保持活力。

為了能避免持續高企的通脹問題，伯克希爾．哈撒韋對沖了部分風險，來給投資者們提供一定保護，但這層保護遠非完美，美國財政如此龐大且根深蒂固的赤字會帶來嚴重後果。

根據資料來看，美國財政部的稅收包括個人所得稅（48%）、社會保障和相關收入（34.5%）、企業所得稅支付（8.5%）和各種較小的徵收項目獲得了32萬億美元的收人。伯克希爾公司在這十年間通過貢獻了320億美元的所得稅，幾乎為財政部所有收入的千分之一。

這也意味著，美國僅需一千個伯克希爾實力相當的納稅企業，那麼其他企業和全國1.31億個家庭都不需要向聯邦政府支付任何稅收。

幾百萬、幾十化、幾萬億——我們都知道這些詞，但往往無法理解所涉及的龐大金額，讓我們給這些數字加上直觀的尺寸。

- 如果你把100萬美元兌換成新印製的100美元鈔票，你會有一疊達到你胸口高度的鈔票。
- 如果是10億美元——這時美元現金可以堆疊至四分之三英里的天空。
- 最後想像320億美元，這也是伯克希爾在二〇一二至二〇二一年所繳納的所有聯邦所得稅，現在，這堆錢達到了超21英里以上的高度，大約是商業飛機通常巡航高度的三倍。

因此，每次涉及到聯邦稅時，伯克希爾可以毫不含糊地表示「我們給了」。

對於伯克希爾而言，我們希望且期待著在未來十年可以為美國繳納更多稅款，做出更大的貢獻。美國的經濟活力賦能了伯克希爾取得的所有成功。

我已經做了80年的投資，超過美國建國時間的三分之一了。儘管我們總是喜歡自我批評和懷疑，但我還沒在任何時候看到長期做空美國是有意義的。

## 六、最好的搭檔——查理・芒格

查理・芒格和我的想法很相似，但我往往需要一頁紙來解釋的內容，他卻可以用一句話總結，且邏輯清晰，直抒胸臆。

以下是他的一些想法，很多都是從最近的部落格中截取的：

- 世界上有很多愚益的賭徒，他們遠不如有耐心的投資者。
- 當你還未看清世界的本來面目，便只能通過扭曲的鏡頭來判斷。
- 我想知道的是我將在哪裡死去，那我永遠不會去那裡。還有一個相關的想法：儘早寫下你想要的訃告——然後據此行事
- 如果你不關心自己是否理性，你就不會在這方面下功夫。那麼你就會一直不理性，得到最差的結果。
- 耐心是可以學習的，擁有長時間的注意力且可以長時間集中於一件事的能力是巨大的優勢。
- 你可以從死去的人身上學到很多東西——去閱讀你所崇拜和厭惡的死者的文章。
- 如果你能遊到一艘適航的船，就不要在下沉的船上跳。

・一個偉大的公司會在你不在之後繼續工作；一個平庸的公司則不會。

・沃倫和我不關注市場的泡沫，我們一直尋找長期投資機會，並堅持長期持有。

・班・格雷厄姆（Ben Graham）曾說：「從短期看，市場是一台投票機，但從長遠來看，它是一台稱重機。」如果你不斷地製造更有價值的東西，那麼一些聰明的人就會注意到它並開始購買，仔細權衡長期價值會比試圖猜測短期熱點更能創造出卓越的業績。

・投資是沒有100％的把握，因此，使用杠杆是危險的。一串美妙的數字乘以零，永遠等於零。不要指望一夜暴富。

・然而，你不需要擁有很多東西就能致富。

・如果你想成為一個偉大的投資者，你必須不斷學習。當世界發生變化時，你必須改變。

・十年來，沃倫和我一直痛恨鐵路股，但世界發生了變化，美國終於擁有了四條對美國經濟至關重要的大型鐵路。我們遲遲沒有意識到這一變化，但遲到總比不到好。

最後，我要補充查理的兩句話，這句話是他幾十年來做決定的關鍵：「沃倫，

多考慮一下吧。你很聰明，但我是對的。」

我和查理通話時，總能學到很多，且他讓我思考時，他也讓我笑。

我會在查理的名單上添加一條我自己的規則：找一個非常聰明的高級合作夥伴——最好比你年長一點，並認真地聽取他的意見。

## 七、奧馬哈的一次家庭聚會

查理和我都很無恥。去年，在我們三年來的第一次股東會上，我們一如既往地以繁忙的商業活動迎接大家。

開市鈴一響，我們就直奔你們的錢包。很快，我們的喜詩糖果鋪賣掉了11噸富含營養的花生糖和巧克力。在我們P.T.巴納姆（注：一位著名的大騙子）式的演講裡，我們保證過吃它會長壽。畢竟，除了喜詩糖果，還有什麼可以解釋查理和我能活到99歲和92歲呢？

我知道你們迫不及待地想聽去年聚會的細節。

我們從週五中午一直營業到下午5點，喜詩糖果鋪記錄了2690筆交易。週六午7點到下午4點半，喜詩糖果鋪又記錄了3931筆交易，這9個半小時裡有6個半小時是我們的電影放映和問答時間。

算一算：喜詩糖果鋪在黃金時段每分鐘能賣掉10批糖果（兩天內累計銷售額達40萬美元），101年以來，消費的模式沒有發生本質變化。在福特T型車時代賣喜詩糖的方法，今天一樣管用。

……

查理、我和整個伯克希爾公司期待著在5月5日至6日在奧馬哈和你們見面。我們會玩得很開心，你也會。謝謝各位，再見！

# 第4章

# 巴菲特——一個滾雪球高手

「對我來說，股市是根本不存在的。要說其存在，那也只是一個讓某些人出醜的地方。」

# 1．巴菲特如何「滾雪球」

知道股神巴菲特的人，幾乎都知道他最著名的投資案例就是：可口可樂。

巴菲特的這個投資，總共為他賺取了一百億美金，可口可樂股票至今仍然是沃倫．巴菲特的伯克希爾哈撒韋公司的主要投資品種。

巴菲特之所以能成功，還與他的滾雪球理論關係甚大。

巴菲特的滾雪球的理論其實並不複雜，總結起來也不需要長篇大論。甚至用一句話就可以概括，即：40年如一日地看好一個企業。

如果要研究巴菲特如何選擇股票（企業），實際不需要研究沃倫．巴菲特，只要聽巴菲特的話，像他那樣去「讀透」他的老師班傑明．格雷厄姆的《證券分析》及《聰明的投資者》即可。

沃倫．巴菲特有一個故事表明什麼叫「讀透一本書」。這個故事是這樣的：

有一次，沃倫．巴菲特出席一個反托拉斯案件的法庭審理。

原告問巴菲特是否同意《證券分析》書中的所有觀點？

沃倫．巴菲特回答：「完全同意。」

律師問：「那麼請問，你同意書中對『貶值』的定義嗎？」

隨後，原告朗讀了書中的定義。

沃倫．巴菲特說：「不，不。那是錯誤的。」

律師說：「我想告訴你，這是《證券分析》中的原話。」

沃倫．巴菲特問道：「請告訴我這是哪一版的？」

重新開庭後，律師拿來的書上清清楚楚地表明，原告讀的是第4版。

沃倫．巴菲特說：「事情是這樣的，這個定義在第14章，而寫這一章的人不是格雷厄姆，而是西德尼．科特爾。我認為科特爾寫的不對。」

在證券分析所有5個版本中，沃倫．巴菲特認為，一九三四年的《證券分析》第一版和一九四〇年的第二版，最能真實體現格雷厄姆的投資思想。

關於《聰明的投資者》，沃倫．巴菲特認為是「最偉大的投資書籍」。過了35

年後，巴菲特回憶起一九五〇年第一次讀到這本書的感受，仍然非常激動：「對我來說，讀到這本書，就像在前往大馬士革的路上的聖保羅一樣。」

巴菲特在回答任何一次詢問投資秘訣的時候，都是說：「如果你真的聽從了這些教誨的話，你投資幾乎不可能賠錢。有的時候，可能別人在短期內比你賺得更多，但是只要你聽我老師的話，你的回報肯定是合理的。我聽我老師的話。」

要找選擇企業或股票投資的秘訣與方法，是應該聽沃倫．巴菲特的，但更應該仔細閱讀巴菲特老師的書，而不需要尋章摘句聽巴菲特的言論。

那麼沃倫．巴菲特值得企業界研究或學習的是什麼呢？

有研究者認為是沃倫．巴菲特滾雪球的思想，因為這個思想的核心不在格雷厄姆那兩本書裡。其原則不僅適用於股票投資，而且適用於所有企業。

正如沃倫．巴菲特對「原則」的觀點：「如果原則會變得過時，那麼它們根本就不是原則。」——原則是經得起淬煉的。

所以，即使看懂了格雷厄姆的那兩本書，也未必可以成為沃倫．巴菲特。成就巴菲特的是滾雪球思想，也就是我們稱之為「戰略增長」的思想。

所謂「戰略增長」是指可以持續增加收入、並有持續盈利的增長，這種增長的

核心在於為產品或服務找到一個穩定的、不斷擴大的需求。比如可口可樂及其全飲料產品構想，是以地球上每個人的「胃納量」為標準來定義其收入的水平，而不是以企業過去的增長速度來定義未來的增長。這種以「胃納量」而不是先有市場為眼界的增長觀念，是上世紀60年代可口可樂營銷戰略的一場革命。可口可樂的營銷戰略革命，與沃倫·巴菲特投資可口可樂的時間大致相同，這不是偶然。

事實上，沃倫·巴菲特選擇投資的都是「必需品」，生活必需品如可口可樂、麥當勞、中石油等，這些東西是巴菲特通過自己及周圍人的生活就可以觀察到其需求的，而不需要通過數據。

你或者會覺得意外的是沃倫·巴菲特甚至沒有買微軟公司的股票，而他和比爾·蓋茨不但是好友，也是後來比爾·蓋茨基金會的最大贊助人。

如果說20年前「微軟」是否成為「必需品」還是個問題，但在今天這個電腦化的網路時代，「微軟」已經成為必需品。可能「微軟」對於網路、電腦的依賴並不像人類對於可口可樂等的依賴那樣強烈，但是也不至於難以理解到不能投資。但是巴菲特堅守的是自己的認知，他認為自己不理解「微軟」這樣的行業。

由此，我們可以得出戰略增長的第二個關鍵詞：只在戰略增長處投資，而不是隨意改變。人們將巴菲特的這個投資特點稱之為「長期堅持價值投資」。

實際上，「堅持」這種心智特性本身，比堅持什麼更加重要。

巴菲特的「雪球」如何越滾越大呢？

巴菲特自己說需要兩個條件：

**第一、是必須有很高的山、很長的坡；**

——也就是「時間」。

**第二、是要有很濕的雪。**

——也就是「投資報酬率」。

對巴菲特來說，很高的山就是股票，「我非常幸運，我17歲的時候就對股票非常瞭解，我的山就非常的高。」很濕的雪就是投資的機會，即「以低於實際價值的價格去購買一支股票。」

當出現這種機會的時候，意味著「濕雪」出現：「我們只是在固定的時間會選擇一支特殊的股票，我們只會選擇一兩種股票，儘管有數千種股票供我們選擇。」

下面讓我們來看看巴菲特滾雪球的基本步驟：

第一步：先尋找高山長坡：弱水三千，我只取一瓢飲；

第二步：然後等待濕雪：在決定性的地點投入決定性的力量；

第三步：此後就是滾雪球：「我每天都希望我的雪球變得越來越大！」

證券市場這個金融工具是提供給人類的一次財富機會。索羅斯說：在金融市場裡，選擇比勤奮更重要。這是人類歷史的第一次，以前人類財富的積累依靠的是勤奮而不是選擇。

現代金融領域的財富積累速度比做實體經營要快得多，所以沃倫·巴菲特說他選擇了一個很高的山。

# 2．向股神巴菲特學習

比爾．蓋茨說：沃倫．巴菲特是對我一生影響最大的人！

那麼，究竟影響有多大呢？

據說，比爾．蓋茨在二〇〇六年曾被巴菲特嚇得渾身發抖。

我們大家都知道，巴菲特是賺錢最多的投資人，他從100美元起家，通過投資賺到了500多億美元的財富，成為僅次於比爾．蓋茨的世界第二大富翁。

沃倫．巴菲特出生於一九三〇年，比爾．蓋茨出生於一九五五年，兩人相差25歲，論年紀，比爾．蓋茨應該叫巴菲特大叔，但這兩個世界上最有錢的人卻是私交非常好的好朋友，兩個人曾經在一九九五年一起帶著家人坐火車同遊中國。

公元二千年1月，比爾．蓋茨和妻子一起捐贈了290億美元資金，創立了一個基金會，是全球最大的慈善機構。

二〇〇六年6月，沃倫．巴菲特對比爾．蓋茨說：「我給你的基金會捐贈一些

資金吧。」比爾·蓋茨說：「那當然好了，你準備捐贈多少呢？」巴菲特拿出一份事先準備好的捐贈協議給他。當比爾·蓋茨看到協議上的金額時，十分訝異地問：「這是真的嗎？」巴菲特肯定地回答說：「真的。」

世界首富的比爾·蓋茨為什麼要向巴菲特確認那個金額是不是真的呢？因為，巴菲特所提供的捐贈的數字可不是一個小數字。

巴菲特拿出自己85％的財富，金額高達380多億美元，這是世界人類文明史上金額最大的一筆捐贈，而且是世界第二大富翁向世界第一大富翁的基金會捐贈，難怪比爾·蓋茨嚇得兩腿發抖的傳聞不脛而走。

其實，巴菲特對比爾·蓋茨影響最大的地方，並非這筆捐贈，而是沃倫·巴菲特的投資思想。

眾所周知，沃倫·巴菲特是世界上最會賺錢的投資人，創造了有史以來最高的投資業績。

一九六五年～二〇〇六年，在這42年間沃倫·巴菲特的投資業績是三千六百多倍，是同期美國股市漲幅的55倍。假如你給沃倫·巴菲特一萬元，42年後沃倫·巴菲特就會給你變成三千六百多萬元，他簡直就是擁有一個點石成金的金手指。

比爾·蓋茨的基金會有幾百億美元資金，為了進行資產保值增值，他也進行股票投資，為此蓋茨經常向巴菲特請教。

比爾．蓋茨注意到，原來巴菲特的投資思想非常簡單而有效。

在比爾．蓋茨真正瞭解巴菲特的投資之道後，他才明白巴菲特被稱為股神，並不僅僅在於他投資積累的財富，更重要的是在於他的投資思想。

話說回來，這些年來，大陸股市非常火，很多人衝進了股市想大顯身手，幾乎每天新開戶的股民都有幾十萬之多。

大陸股民開戶總數已經超過1億，但大多數股民都是新手，不太懂股票投資。那麼就讓我們和比爾．蓋茨一樣，來向沃倫．巴菲特學習真正的投資成功之道吧。巴菲特的投資業績之所以能夠如此卓然出眾，一個最大的原因就在於他的投資策略非常與眾不同，可以將其總結為三個不同：

第一，看的不同。

第二，想的不同。

第三，做的不同。

那麼，巴菲特的所看、所想、所做，與普通投資者究竟有什麼不同呢？

## 1．股神第一個與眾不同是：看的不同。

首先，他不看股價，我們來瞭解一下巴菲特到底每天在看什麼？

在此之前，我們不妨先看看一般股民每天看的最多的是什麼？

你或者會說：「那還用問嗎，當然是看股價行情了。」

不誇張地說，一般的股民看行情都看到癡迷的狀態了，癡迷到什麼程度了呢？有些人甚至癡迷到打架。曾有一個證券營業部的經理說：「有些股民為了搶一個電腦看行情，竟然大打出手。」有很多人癡迷到染上了股癮。

現在全社會都在關注網癮少年，他們一天到晚在網咖上網，打遊戲，幾天幾夜不上學，也不回家。其實很多人都沒有意識到，現在一般很多股民染上了股癮，他們一天到晚看行情，甚至幾分鐘都要看一下行情，看不到行情就著急，股民的股癮可比網癮少年還要大，因為擔心看不到行情耽誤掙錢啊。

有不少人的股癮大到嚴重影響工作。

有一個大公司的總經理說：「現在辦公室的白領是人人上班看行情炒股票，大家把心都用在炒股上面，經理的大辦公室那是大戶室，一般職員的大廳那是散戶間。甚至故意下午3點收盤前不見客戶，儘量不出差，以免看不到行情，做不成股票。」

就普通股民而言，大部分不可能是大戶而是散戶，所能管理的通常也就是幾萬到幾十萬的小資金，整天守著電腦在網上看K線圖。

那麼80多歲的沃倫．巴菲特管理著相當於幾百幾千億美元的巨額資金，他一天到晚是如何看股票行情的呢？

這裡有一個真實的故事：

一九八九年的某一天，當時美國資產規模最大的基金公司是麥哲倫基金。該公司的基金經理是彼得．林奇，他專程去拜訪沃倫．巴菲特，想看看比他管理的資金規模更大業績更好的股神巴菲特是怎樣做投資的。

彼得．林奇吃驚地發現，沃倫．巴菲特的辦公室不是在繁華的紐約華爾街，而是在美國中部的一個小城市奧馬哈，人口只有40萬人，在地大物博的美國，它真是一個好小的小城。

更讓彼得．林奇想不到的是，沃倫．巴菲特管理的資產規模比他大得多，但公司總部員工卻少得多，只有11個員工。要知道，在世界五百強企業排名上，沃倫．巴菲特的公司規模比中國石化還要大。

彼得．林奇跟沃倫．巴菲特手下的11個工作人員，打過招呼之後，來到了巴菲特的辦公室。推門一看，房間不大，只有二十多平方米，左邊是一排書架，上面有幾本書，右邊是幾個文件櫃，裝滿了上市公司年報等資料。

彼得．林奇左看看，右看看，上看看，下看看，越看越納悶。

彼得．林奇不禁好奇地說：「哎，巴菲特先生，你的辦公室裡怎麼沒有電腦，難道你不看行情嗎？」

沃倫．巴菲特聽了，笑一笑，說：「我從來不關心股價走勢，沒有必要關心，而且也許還會妨礙我做出正確的選擇。」

彼得．林奇聽了直搖頭：「真沒想到，你管理著上千億美元資金，竟然根本不用電腦，根本不看行情。」

作為讀者的你，看到這裡或許會問一聲：「那，巴菲特要買賣股票時，他總得看看股價是多少吧？」

巴菲特當然看股價，只不過他只是每天看報紙時，順便看看收盤價而已。但他從來不會天天盯著行情，他看準了一支股票後，會打電話告訴證券公司經紀人在什麼價位以下時可以買入多少，直到買到他想要的目標數量為止。

你或者還會問：「為什麼我們這些資金量很少的散戶天天看股價，而巴菲特管理著相當於幾千億美元的巨額資金，卻一天到晚不看股票行情呢？」

其實，看得越緊，反而表明你越不放心，越沒把握。

在生活中，你的小孩子需要時時看著，肯定是你不放心怕他貪玩不寫作業。

你的老公需要時時看著，肯定是你不放心怕他移情別戀。

你的股票需要時看著，肯定是你不放心怕它突然大跌深度套牢。

而股神沃倫．巴菲特之所以能夠一天到晚都不看股價，原因就在於他買的是讓他能夠放心的股票，放心到可以持有幾年甚至十幾年到幾十年的好公司股票，這其中包括了世界上最大的飲料生產企業可口可樂、世界上最大的刮鬍刀生產企業吉列公司、美國最有政治影響力的報紙《華盛頓郵報》公司、世界上最大的汽車保險公司GEICO公司。

生活中的你，需要養一個讓你放心的小孩，也需要找一個讓你放心的老公，同樣也需要學習沃倫．巴菲特，買一些讓你放心的股票，根本不用天天看，不管漲跌，都吃得香，都睡得著，因為你對其未來充滿信心，這樣是不是比你時時看股票行情，要簡單輕鬆多了呢？

股民天天看股價，股神卻根本不看股價，這正是股神沃倫．巴菲特的第一個與

眾不同：看的不同。

## 2．巴菲特的第二個與眾不同：想的不同。

作為股民，平時你想得最多的是什麼？

你可能會馬上回答：「那還用問！當然是股價了，想得最多的，就是未來股價會漲還是會跌。」

只要是買賣過股票的人都知道，買賣股票要賺錢，最關鍵的是要準確預測未來股價是漲是跌，預測對了就能賺錢，預測不準就會虧錢。

那麼，怎麼預測股價會漲還是會跌呢？

最常見的最流行的方法是技術分析。什麼是技術分析呢？有很多種技術分析方法，包括什麼蠟燭圖、K線圖、波浪理論等等。但技術分析的本質是相同的，就是根據股價過去的走勢，來預測未來的走勢。

技術分析專家堅信，根據過去走勢的歷史能夠預測未來。

大家經常看到這樣一些電視上的股票節目，觀眾給專家打電話諮詢，這些技術分析專家一聽股票名稱或代碼，馬上敲電腦，打開一支股票的走勢圖，先是分析一通這支股票過去走勢如何，現在走勢如何，然後預測一通未來走勢會如何如何，應該如何如何操作。有人稱這種股票評論家為「看圖說話」。

技術分析專家聲稱，只要知道過去的股價和成交量數字，就能預測未來股價走勢。就像算命先生一樣，只要知道你的生辰八字，就能預測你的未來命運一樣。技術分析確實有些像看相算命的。有些投資人經常說：「某某專家預測股票走勢很靈的。」這是不是跟你時不時能聽到的「某某某算命很靈的。」類似呢？

你相信算命先生嗎？如果算命先生真的能夠預測未來，他只要簡單地買樂透彩券就發大財了，何必到處擺攤掙錢呢？你能從你過去每年每月的工資收入數據，推算出未來的工資收入嗎？推算是沒有用的，關鍵還是要勤奮工作，要提高能力，才能提高薪水力。

你能從孩子過去的考試成績推算出未來大學的高考成績嗎？推算是沒有用的，關鍵還是要好好學習，提高成績。

那麼你相信股市預測專家和那些股票預測軟體嗎？

反正，股神巴菲特根本不相信。

巴菲特曾說：「投資者期望那些技術分析預測專家會告訴自己在未來幾個月內如何炒股票賺大錢，那是根本不可能實現的幻想。如果真能夠賺大錢的話，他們才

根本不會告訴投資者，他們自己早就賺翻了。」

巴菲特從10歲到20歲研究了十年技術分析，天天畫圖表，天天算指標，投資卻非常一般般，根本掙不到什麼錢。

直到他遇到了證券分析之父班傑明．格雷厄姆，才走出迷途。

格雷厄姆告訴巴菲特說：「技術分析有多麼流行，就有多麼錯誤。」

後來巴菲特再也不相信技術分析，也根本不做技術分析。

巴菲特現在已經80多歲了，他做了一輩子投資，根本不相信任何人能夠預測股市。他說：「我從來沒有見過一個能夠預測市場走勢的人。」

巴菲特也不相信任何股市預測專家，他更不相信任何炒股軟體，因為六十多年的投資經驗告訴他，沒有任何人、任何方法能夠準確預測出股價漲跌。

既然預測不了，最好的做法就是不預測。

沃倫．巴菲特說：「對於未來一年後的股市走勢、利率以及經濟動態，我們不做任何預測。我們過去不會預測，現在不會預測，未來我們也不會預測。」

股神巴菲特根本不預測股價走勢，又簡單又省力，卻賺成世界富豪。

反觀很多股民天天在預測股價走勢，又複雜又費心又費力，結果不但不賺錢，反倒虧得一塌糊塗。原因很簡單：做根本無法成功的事，最終只有死路一條。

許多股民或會感到納悶——股神巴菲特不看股價，不想股價，那他怎麼做股票賺錢呢？

## 3．巴菲特的第三個與眾不同：做的不同。

大部分股民是如何做股票賺錢的嗎？

作為股民的你或會迅速給出答案：「做差價，做短線，短期內頻繁買進賣出，低買，高賣。」

股民每天盯著K線圖，一看這個股票呢，漲得不錯，又比較熱門，馬上就買一點，等到賺錢了趕緊拋出去，頻繁買進賣出。這就像過去的「倒爺」（從事倒買倒賣的個體商人）一樣，倒來倒去做差價，這種人你可以稱他們為「股市倒爺」。

你所問這些「股市倒爺」買股票的理由是什麼呢？他們的回答很簡單，因為這支股票會漲。你若追問他們怎麼判斷會漲呢？他們會告訴你：「我預測會漲。」

「股市倒爺」根本不管什麼公司基本面，而是把股票當彩票，把股市當賭市，賭的是股價短期內會漲還是會跌。

「股市倒爺」買賣股票的一個特點是：追漲殺跌。簡單解釋就是：越漲越買，

越跌越賣。為什麼明知東西價格太高了還要買呢？因為推測股價以後還會漲，就能以更高的價格轉手賣出，賺上一筆差價。

有人形象地稱這種短線投機方式是博傻。為什麼說是博傻呢？博的是會有更傻的傻瓜出現，之後以更高的價格把你的股票買走。

但是，如果後面的人並不傻，全世界的人都知道了這支股票的股價遠遠高於價值，那麼你就成了以最高價最後一個接手這支股票的人，你就榮幸地成為了全世界最傻的大傻瓜。

俗話說的好，誰比誰傻呀？你自己都不願意當高位接盤的大傻瓜，憑什麼幻想別人願意呢？「博傻」其實就是「犯傻」。

「僅僅是因為一支股票股價上漲，就追漲買入，是最傻的行為。」股神沃倫·巴菲特曾說，「這種短線做差價的行為根本稱不上投資，而是投機，長期而言根本不可能發財致富。」

為什麼呢？

因為頻繁買進賣出做差價，就跟賭博一樣，久賭必輸，往往是你賺了幾次之後，又賠了幾次，結果不但把原來賺的又賠進去了，很可能還把老本也賠光了。

概括成一句話就是：越做差價，業績越差。

因此，巴菲特說根本不玩短線投機做差價：「我從未期望通過股市賺錢。我們買入股票時假設股市第二天會關閉，甚至在5年內股市不會重新開盤。」

巴菲特說是長期投資，他持有的可口可樂19年賺了7倍以上，他持有的華盛頓郵報33年賺了128倍。他的大部分股票，都是買入之後就一直長期持有，從來不做差價（買進、賣出的價格差）。

為什麼呢？

因為巴菲特說已經意識到，越做差價，業績越差，要想戰勝市場，唯一的辦法就是不要短線投機做差價，而要進行長期投資。

沃倫．巴菲特投資之道可以概括為三不原則：

一、不看股價。

二、不想股價。

三、不做差價。

大家都知道，武功的最高境界是手中無劍、心中也無劍。

沃倫．巴菲特也到達了投資的最高境界：

一、不看股價——眼中無股。
二、不想股價——心中無股。
三、不做差價——手中捂股（封住）。

巴菲特的投資策略，與大多數普通投資者的不同之處在於：一般大眾投資者的小市民，只會天天看著盯著股價變化，而巴菲特根本不關心股價是漲是跌；股民天天想盡辦法預測股價，而巴菲特根本不去想股價會漲會跌；股民天天忙來忙去做差價，而巴菲特根本不做差價而是長期持有。

看明白了嗎？巴菲特與股民看的、想的、做的——完全相反。

也許你會問：「我們這些普普通通的小股民，能學習股神這種完全與眾不同的投資方法嗎？」

其實，沃倫．巴菲特本來也和我們一樣，是一個時時看股價、夜夜想股價、天天做差價的小股民。

那麼，沃倫．巴菲特受到誰的影響轉變了他的投資人生，讓他的投資方法變得與眾不同呢？巴菲特遇到了一位大師，在他的指導下，努力學習和實踐，才變成一個根本不看股價不想股價不做差價的股神。

這位大師到底是誰呢？他是怎麼找到這位大師的呢？這位大師教給了他什麼投資秘訣呢？我們不妨先來看看巴菲特的出身！

沃倫・巴菲特出生的家庭，像大家一樣普普通通，小時候學習成績也普普通通，上的大學也是普普通通。不過，巴菲特從10歲就開始買股票，他的方法和大部分股民一樣，也是進行技術分析，看圖表，算指標，打聽小道消息，追漲殺跌做短線，頻繁買賣做差價。

但是，巴菲特的業績如何呢？

巴菲特20歲大學畢業時，已經做了十年股票，但業績平平，沒有賺到多少錢。

大學畢業後，巴菲特到哥倫比亞大學讀了一年研究所。研究所畢業了，巴菲特這時從股票並沒有掙到多少錢，也沒有找到理想的工作，那怎麼辦呢？他就乾脆回老家奧馬哈了，回家後做股票經紀人。什麼叫股票經紀人呢？就是相當於我們現在證券公司營業部的一個普通職員而已。

工作不久，巴菲特遇見了一個叫蘇珊的姑娘，一見鍾情。巴菲特猛追不捨，經過一番波折，他終於追到了心上人，兩人就開始商量結婚的事。

蘇珊說：「你得給我買一套房子，要不我把孩子生在哪兒啊？」

讓我們來看看沃倫・巴菲特的回答，我們將他的回答翻譯成每個人都能聽懂的

話後是這樣的：「我剛工作一年，沒攢多少錢。做了這麼多年股票，也沒賺多少。我現在一共只有一萬多塊錢。要不這樣，我們暫時不買房子，我用這一萬塊錢，繼續投資股票，等我過幾年賺了大錢，我再給你買套最好的房子。你相信跟著我絕對沒錯，我今後一定成為百萬富翁，讓你跟著我享福。」

蘇珊說：「行，我相信你。」

一九五二年，沃倫．巴菲特結婚了，他們兩人租了一套非常便宜的二室一廳、又破又舊、晚上都能聽見老鼠在窗戶上開運動大會的房子。

巴菲特把大部分錢都用來投資股票了，平時花錢摳得很緊。

不久他們的第一個孩子出生了，是個女兒。巴菲特捨不得花錢，就用一個梳粧檯的抽屜，鋪上小墊子，作為嬰兒的小床。

可見，巴菲特原來也是和我們普通投資人一樣，原來投資的業績也相當差，賺的錢也相當少，為什麼後來投資業績大幅度提高，並成為億萬富翁了呢？

當巴菲特大學快畢業時，他讀到了一本書《聰明的投資者》他才猛然發現：原來正確的投資理念應該是這樣的。

這本書的作者就是班傑明．格雷厄姆。

班傑明．格雷厄姆是當時華爾街最著名的投資大師，也是證券分析行業的創始人，被稱為「證券分析之父」。他著有《證券分析》與《聰明的投資者》，這兩本書被稱為投資聖經。

班傑明．格雷厄姆在金融投資界的地位，相當於物理學界的愛因斯坦和心理學界的弗洛伊德。

大學畢業後，巴菲特就申請到哥倫比亞大學讀研究所，他的主要目的是為了聽班傑明．格雷厄姆的投資課程，親身聆聽大師的教誨。

研究所畢業後，巴菲特回老家做股票經紀人。

工作三年後，巴菲特又得到一個機會，到班傑明．格雷厄姆創辦的投資公司工作了兩年，學到了很多實際操作經驗。後來班傑明．格雷厄姆因為年紀大了，他於一九五六年決定退出股市。

巴菲特當時只有26歲，他決定回老家獨自創業。

一九五六年，沃倫．巴菲特從親戚朋友那裡湊了10萬多美元，創辦了一家投資合夥公司。

巴菲特運用班傑明．格雷厄姆所傳授的價值投資策略，在股票投資方面做得非常成功，遠遠超過了大盤商。

一九五八年，巴菲特的第三個小孩就要出生了，家裡原來租的房子太擁擠了，

於是，巴菲特就給妻子買下了一套當地最好的房子，兌現了結婚前對妻子的承諾。

巴菲特的投資業績越來越好，管理的資金也越來越多，三十來歲就成了當地小有名氣的百萬富翁，後來又成了世界排名第二的億萬富翁，讓妻子蘇珊也過上最幸福的生活。

為什麼巴菲特的投資業績會有如此巨大的提高呢？

「我的投資成就，是班傑明．格雷厄姆智慧之樹所結出的果實。」巴菲特說，「在大師門下學習幾個小時，遠遠勝過自己苦苦摸索10年。」

班傑明．格雷厄姆教給了巴菲特什麼投資秘訣呢？

答案就是——「價值投資策略」。

價值投資是不是很複雜啊？我們普通小股民能學會嗎？

巴菲特說：「班傑明．格雷厄姆傳授給我的價值投資策略一點也不複雜。越是真理越簡單，任何一個普通人都能學習。」

價值投資有多簡單呢？

巴菲特對價值投資的看法總結為三個不需要：

## 一、不需要高智商——巴菲特說：「投資並非智力競賽，智商高的人未必能

擊敗智商低的人。」

二、不需要高等數學——巴菲特說：「我從來沒發現高等數學在投資中有什麼作用，只要懂小學算術就足夠了。」

三、不需要高學歷——巴菲特說：「要想成功地進行投資，你不需要懂得什麼專業投資理論。事實上大家最好對這些東西一無所知。」

巴菲特發現學校裡講的許多專業理論往往在實踐中是行不通的，錯誤的知識越多反而越有害。

一不需要高智商，二不需要高等數學，三不需要高學歷。也就是說任何一個小學畢業的普通投資者，都能學習掌握巴菲特的價值投資策略。

股神巴菲特說：「班傑明．格雷厄姆老師傳給我的價值投資策略，可以概括為『投資三招』。」

### ．巴菲特三大絕招之一：不看股票，看公司

格雷厄姆教導巴菲特的第一個投資秘訣是：不看股票，看公司。

格雷厄姆有一句名言是：「用公司經營的態度來投資股票是最明智的。」

大家想一下，股票到底是什麼？

股票是你持有這家公司的股權證明。我們買套房子，我們就會拿到一個房屋所有權狀，所有權狀就代表我們擁有這套房子的產權證明。

我們對這家公司投資的時候，我們就會拿到一個出資的股權證明，這就是股票。你購買房子的時候，其實你購買的不是房屋所有權狀，你真正想要的是房屋所有權狀後面代表的那套房子。

當你投資股票時，你真正購買的不僅僅是一張股票，你真正想得到的是股票後面代表的那個公司。正如沃倫·巴菲特所說：「你購買的是公司，而不僅僅是公司的股票。」先有房子，後有房屋所有權狀，因此我們買房子時，先看房子，後看房屋所有權狀。先有公司，後有股票，所以我們到股市買股票時，也應該先看公司，後看股票，因為我們其實是在通過股票投資那家公司。

公司價值多少錢，決定了股票值多少錢。

買股票，其實就是你拿出一筆錢，也其他股東一起來投資入股這家公司。就像你和家裡人一起湊錢買房子一樣。

沃倫·巴菲特強調投資過程中應該分析的不是股票而是公司。

他說：「在投資中，我們把自己看成是公司分析師，而不是市場分析師，也不是宏觀經濟分析師，甚至也不是證券分析師。最終，我們投資者的經濟命運將取決於我們所擁有的公司的經濟命運。」

我們不應該想盡方法去分析股價走勢，而應該努力分析這家公司的經營。正如沃倫·巴菲特的老師班傑明·格雷厄姆教導他的那樣，從公司經營的角度，來分析股票、投資股票是最為明智的。這正是為什麼巴菲特平時很少看股票行情，卻把絕大部分精力用來看公司基本面。

有人問：「巴菲特先生，你每天大部分的時間都在幹什麼？」

巴菲特說：「我的工作是閱讀，閱讀很多關於上市公司的資料，尤其這家公司的年度財務報告。」

巴菲特的辦公室沒有別的東西，最多的就是上市公司的年報。他保存了幾乎美國所有上市公司的年報。

有個記者曾問巴菲特：「我應該怎麼學習股票投資呢？」

巴菲特說：「看上市公司的年報。」

這個記者說：「美國有好幾千家上市公司，他們的年報太多太多了。」

巴菲特回答：「很簡單，按照字母順序，從第一家公司的年報開始看起。」

巴菲特每天幾乎把他大部分時間都用來閱讀上市公司年報這個行業資料等這些基本面的分析上。他閱讀大量資料，並且會打很多電話，主要是為了弄清這家公司的業務和財務等基本面情況。這正是他的導師班傑明．格雷厄姆傳授給巴菲特的第一個投資秘訣，不看股票，看公司。

## ・巴菲特三大絕招之二：不想價格，想價值。

沃倫．巴菲特如此用功研究的目的是什麼呢？就是要估計出公司的內在價值。

為了專心研究公司，巴菲特沒有把辦公室放在最接近市場前沿的華爾街，而是隱居偏僻的中部小城市。

為了專門研究公司，巴菲特故意把自己與整個股市進行隔絕。他根本不看股價，甚至他想方設法讓自己看不到股價，也不去想股價，這樣能夠讓自己避開市場的喧鬧，安安靜靜地來分析公司的基本面。

沃倫．巴菲特說：「把自己與『市』隔絕是非常重要的。作為一個投資者，你要想盡方法，把自己與這個市場的喧鬧情緒隔絕開來，才能保持內心的平靜，才能冷靜地做出理性的投資決策。」

他還說過這樣一個小故事：

有一個木匠，在自己家的院子裡幹活，他的生意非常好，每天從早到晚，院子裡鋸子聲和錘子聲響成一片，地上堆滿了刨花屑末。

一天晚上，這個木匠站在一個很高的檯子上，和徒弟兩個人拉大鋸，鋸一棵大樹。拉來拉去，拉來拉去，一不小心，他手上的手錶，啪的一下，錶帶甩斷了，手錶就掉了地上的刨花堆裡了。

當時手錶可是貴重物品。這個木匠趕緊下來找。可是地上刨花太多了，怎麼也找不到。當時正是晚上，他的很多徒弟也過來打著燈籠幫他一塊兒找，大夥兒一塊兒找來找去，找來找去，怎麼也找不到那隻錶。

木匠一看，也沒辦法。他說：「算了，算了，不找了，鎖上門，等明天天亮了再找吧。」這個木匠就收拾收拾，準備睡覺了。

過了一會兒，他的小兒子跑了過來：「哎！爸爸，你看你看，我找到手錶了！」木匠很奇怪：「我們這麼多大人，打著燈籠都找不到手錶，你怎麼能找到的呢？」小孩說：「你們都走了，我一個人就在院子玩。沒人幹活了，這院

子裡靜下來了。我忽然聽到嘀嗒、嘀嗒、嘀嗒的聲音，我順著聲音找過去，一扒拉就找到手錶了。」

在非常喧鬧的環境下，我們無法聽到手錶指針走動的聲音。平時的股市也非常喧鬧，小道消息滿天飛，什麼股票要漲了，什麼股票要跌了，讓人非常興奮，很難集中注意力。

沃倫．巴菲特牢記他老師的教誨，想盡方法，把自己與「市」隔絕，根本不看股價行情，讓自己能夠靜下心來傾聽公司的聲音，而不是市場的聲音，傾聽價值的聲音，而不是價格的聲音，因為他知道最終決定股價的不是過去的歷史走勢，而是這個公司的內在價值，價值才是價格的最終決定者。

大部分股民天天看股票走勢，只是想預測未來股價會是什麼走勢。

而沃倫．巴菲特天天研究公司的業務、管理、財務等基本面情況，他只想弄清楚公司股票的內在價值。

這正是班傑明．格雷厄姆傳授給沃倫．巴菲特的第二個投資秘訣，不想價格想價值。為什麼不想價格呢？

原因很簡單：股價是根本無法預測的。

格雷厄姆給巴菲特講過一個市場先生的故事，讓原來執迷於技術分析妄想預測股價走勢的巴菲特大徹大悟。

在股票市場上，你知道你的交易對手是誰嗎？誰都不知道。

其實，你的交易對手是成千上萬個其他投資者。通過交易所，把無數互相之間根本不知道對方是誰的交易雙方進行買賣撮合成交。

儘管你不知道他們是誰，但是你可以想像，除你之外的所有交易者，集合在一起，成為單獨的一個人，這就是你買賣股票的唯一交易對手。

這樣市場上只有兩個人：一個是你。另一個人是大師班傑明．格雷厄姆所稱的「市場先生」。

你可以想像一下：在你電話委託的另一頭，在你電腦交易的另一端，和你做交易的都是同一個對手，他看不見，摸不著，卻不斷報出買入賣出價格，隨時準備和你做交易，這個人就是「市場先生」。

對於任何一支股票，你都可以這樣認為，這一家公司，有兩個股東，一個是你，一個是「市場先生」。

和「市場先生」相比，你只是一個小小股東，小得無所謂，大部分股票都在「市場先生」手裡，「市場先生」是唯一的主力，是唯一的莊家，「市場先生」可

以完全決定股價。「市場先生」有個優點：任何時候，只要你想買賣股票，他都會和你做買賣。他每天都會報出買價和賣價，但是否交易、何時交易完全都是你說了算。不管你理不理他，他從不介意。今天你不想交易，沒關係，第二天「市場先生」還會準時上班，繼續報出買價與賣價，隨時準備跟你進行交易，但是，「市場先生」這個傢伙有個永遠改不掉的缺點，那就是情緒非常敏感多變，比任何一個女人的感情都要不穩定。儘管你們兩個一起持股的這家上市公司非常穩定，但「市場先生」的股票買賣報價卻是非常不穩定。

有些時候，他心情愉快，只看得見利好因素，他會覺得公司未來前途一片光明燦爛，他很想買走你手裡的股票，不斷提高買入價格，快賣給我吧，上漲5%，賣不賣？漲停板，10%，賣不賣？

在另一些時候，他心情悲觀，而且只看得見利空因素，他會覺得公司和整個世界前途一片渺茫，他想趕緊把自己手裡的股票拋掉。不斷降低賣出價格，快來買呀，跌價5%，買不買？跌停板，10%，買不買？

可見，「市場先生」情緒非常不穩定，他報出的股價價格在短期內也非常不穩定。那麼長期而言，股價是不是也這樣非常不穩定呢？

格雷厄姆說：「市場短期是一台投票機，但市場長期是一台稱重機。」

股市短期來看是一台投票機，只不過他投票投的不是選票，而是鈔票。

當「市場先生」把他的票都投到一家上市公司上的時候，就代表著很多資金都在追逐這支股票，它的股價就會上漲。

當「市場先生」不投票給一家公司的時候，就意味著資金從這家公司撤離了，這家公司的股價就會下跌。

「市場先生」會把票投給哪些公司呢？這完全取決於他的情緒。因此，由於「市場先生」的情緒非常不穩定，所以說股價短期的波動也就相當的大。

但是股市長期來看是一台稱重機。

經過較長一段時間後，市場各方就會逐步認識股票的真正價值，使股價最終回歸於價值。長期而言，公司的價值下跌得有多重，股票的價格下跌得就有多重。公司的價值上漲得有多高，最終股票的價格上漲得就會有多高。

也許有些投資者會質疑，問道：「你憑什麼相信價值被低估的股票價格，最終會回歸於價值呢？」

在美國國會一次聽證會上，國會議員問班傑明．格雷厄姆說：「是什麼力量使價格最終回歸於價值呢？」

班傑明．格雷厄姆微微一笑，如此回答道：「這正是我們行業的一個神秘之處。對我和對其他任何人而言，也一樣神奇。但我們從經驗上知道，最終市場會使股價回歸於價值。」

班傑明．格雷厄姆對股市波動的看法可以這樣概括：就是股市短期內是一台投票機，但是長期內是一台稱重機。可見，股票市場和商品市場一樣，同樣遵循價值規律，股價短期波動很劇烈，股價經常偏離價值，價格圍繞價值波動，但是長期內股價最終會回歸於價值。

## ．巴菲特三大絕招之三：不做投機，做投資。

只要弄清楚市場波動的規律，你就知道如何利用這個規律來打敗「市場先生」了。就像在賭場上一樣，你的對手（也就是莊家）越笨，你賺錢的可能性就越大，要在股市上賺錢，唯一的方法就是利用「市場先生」的愚蠢。

當「市場先生」過於高估一支股票的時候，你就可以把你手裡的股票高價賣出給「市場先生」。

當「市場先生」過於低估一支股票的時候，你也可以從「市場先生」的手裡低價買入，然後等待價格向價值回歸，而獲得不錯的盈利。

沃倫・巴菲特所說：「關鍵是利用市場，而不是被市場利用。」

戰勝市場的前提是，你比「市場先生」更瞭解一家公司，能夠比「市場先生」更加準確地評估出公司的真正價值。否則的話，你就不要和「市場先生」玩股票投資的遊戲了。

就像在玩牌一樣：如果你玩了30分鐘之後，還不知道誰是笨蛋？那麼，你就是那個笨蛋了。

巴菲特有一句名言：「市場先生是你的僕人，而不是你的嚮導。」

跟著市場走，預測股價走勢，來來回回做差價，期望在低位買入，在高位賣出，追尋的是買價與賣價之間的差價，這種根據價格漲跌判斷來進行股票買賣的行為根本不是投資，而是投機。

他的老師格雷厄姆告訴巴菲特說，既然你根本無法預測股價的短期波動，那麼做差價的投機行為是根本不可能長期賺錢的。

班傑明・格雷厄姆首次統一和明確了「投資」的定義，區分了投資與投機：「投資是一種通過認真分析研究，有指望保本並能獲得滿意收益的行為。不滿足這些條件的行為就被稱為投機。」

其實，這就是我們現在常說的價值投資的根本定義。

班傑明．格雷厄姆告訴巴菲特：「不要關心股價漲跌的價差，而要專注於評估公司股票的內在價值，尋找那些價值明顯低於價格的股票，低價買入，長期持有，直到價格回歸於價值，這種根據價值進行決策的行為才是真正的投資，這才是我們通常所說的價值投資。」

這正是格雷厄姆教給巴菲特的第三個投資秘訣：不做投機，做投資。

巴菲特如此總結歸納價值投資的本質，他說：尋找股票價格與公司內在價值之間的差距。當市場先生過於低估一支股票的價值時，就給了價值投資者低價買入的獲得機會。

股價波動性非常大，股價偏離價值的程度和偏離的時間都可能遠遠超出投資者的估計，那麼，投資者進行價值投資到底應該在股價低於價值什麼程度的時候買入，才能保證投資者的投資不會發生虧損並有相當盈利呢？

這正是價值投資能否成功的關鍵所在。

# 3．股神巴菲特：保住本金是第一原則

一九五六年，26歲的沃倫．巴菲特靠從親朋湊來的10萬美元白手起家，48年後，富比士全球富豪排行榜顯示，沃倫．巴菲特的身家已達到了429億美元。

巴菲特的故事無異於神話。但仔細分析巴菲特的成長歷程，巴菲特並非那種擅於製造轟動效應的人，他就是一個腳踏實地的平凡人。

雖然沃倫．巴菲特是全球最受欽佩的投資家，但是機構投資者在很大程度上不理會他的投資方法，很少有投資諮詢公司或養老金信託公司會委任他管理資金，巴菲特所掌控的伯克希爾公司股票，包括基金經理在內的大部分人都不會去買，也從沒有分析師推薦他的股票。或許在很多人眼中巴菲特更像是一個老古董，他的投資理念與市場格格不入。總之，巴菲特與其他人總有那麼一點點區別與距離。或許正是這一點點區別決定了巴菲特只有一個，而我們都不是。

## 巴菲特理財攻略一：儘量避免風險，保住本金

在巴菲特的投資名言中，最著名的無疑是這一句：「成功的秘訣有三條：第一，儘量避免風險，保住本金；第二，儘量避免風險，保住本金；第三，堅決牢記第一、第二條。」

為了保證資金安全，巴菲特總是在市場最亢奮、投資人最貪婪的時刻，保持著清醒的頭腦而激流勇退。

一九六八年5月，當美國股市一片狂熱的時候，巴菲特卻認為已再也找不到有投資價值的股票了，他於是賣出了幾乎所有的股票並解散了公司。

結果在一九六九年6月，股市大跌漸漸演變成了股災，到一九七〇年5月，每種股票都比上年初下降了50％甚至更多。

巴菲特的穩健投資，絕不幹「沒有把握的事情」的策略，使他逃避過一次次股災，也使得機會來臨時資本迅速增值。但很多投資者卻在不清楚風險或自已沒有足夠的風險控制能力下貿然投資，又或者由於過於貪婪的緣故而失去了風險控制意識。在做任何投資之前，我們都應把風險因素放在第一位，並考慮一旦出現風險時我們的承受能力有多強，如此才能立於不敗之地。

## 巴菲特理財攻略二：作一個長期投資者，而不是短期投資者或投機者

巴菲特的成功最主要的因素是他是一個長期投資者，而不是短期投資者或投機者。巴菲特從不追逐市場的短期利益，不因為一個企業的股票在短期內會大漲就去跟進，他會竭力避免被市場高估價值的企業。一旦決定投資，他基本上會長期持有。所以，即使他錯過了上個世紀90年代末的網路熱潮，但他也避免了網路泡沫破裂給無數投資者帶來的巨額損失。

巴菲特有句名言：「投資者必須在設想他一生中的決策卡片僅能打20個孔的前提下行動。每當他做出一個新的投資決策時，他一生中能做的決策就少了一個。」在一個相對短的時期內，巴菲特也許並不是最出色的，但沒有誰能像巴菲特一樣長期比市場平均表現好。在巴菲特的盈利記錄中可發現，他的資產總是呈現平穩增長而甚少出現暴漲的情況。一九六八年，巴菲特創下了58.9%年收益率的最高紀錄，也是在這一年，巴菲特感到極為不安而解散公司隱退了。

從一九五九年的40萬美元到二〇一五年的667億美元的50多年中，可以算出巴菲特的年均收益率為26%。從某一單個年度來看，很多投資者對此也許會不以為然。但沒有誰可以在這麼長的時期內保持這樣的收益率。這是因為大部分人都為貪婪、

浮躁或恐懼等人性弱點所左右，成了一個投機客或短期投資者，而並非像巴菲特一樣是一個真正的長期投資者。

### 巴菲特理財攻略三：把所有雞蛋放在同一個籃子裡，然後小心地看好

究竟是應該把雞蛋集中放在一個籃子內還是分散放在多個籃子內，這種爭論從來就沒停止過也不會停止。這不過是兩種不同的投資策略。從成本的角度來看，集中看管一個籃子總比看管多個籃子要容易，成本更低。但問題的關鍵是能否看管住唯一的一個籃子。

巴菲特之所以有信心，是因為在作出投資決策前，他總是花上數個月、一年甚至幾年的時間去考慮投資的合理性，他會長時間地翻看和跟蹤投資對象的財務報表和有關資料。對於一些複雜的難以弄明白的公司他總是避而遠之。只有在透徹瞭解所有細節後，巴菲特才做出投資決定。

由此可見，成功的因素關鍵在於在投資前必須有詳細周密的分析。對比之下，很多投資者喜歡道聽途說的小道消息或只是憑感覺進行投資，完全沒有進行獨立的分析，沒有盈利的可靠依據，這樣投資難免不會招致失敗。

# 4．你能成為股神巴菲特嗎？

要真正做到像沃倫．巴菲特那樣選股如選妻，對於那些不符合標準的股票，必須做到：心狠手辣。

選股之前要心狠，選股之後則要手辣。心狠是做出正確選擇之前，對不符合標準的股票要心狠，堅決拒絕。手辣是做出錯誤選擇之後，對不符合標準的股票要手辣，堅決砍掉。沃倫．巴菲特選股如同選妻子，你選妻的目的是為了結婚，為了長相廝守，所以最好是事先非常慎重、非常仔細地選好，這樣就不用以後付出很大痛苦的代價離婚了。但是萬一我們真的選錯了，那就要儘快離開錯誤選擇的對象，否則只會越拖越痛苦。

可能有很多投資者都會擔心，儘管知道自己現在手裡拿的股票不符合自己的標準，但這些股票還在漲呢，如果放棄了，可能就錯過賺錢的機會了。

同時，也有很多投資者會擔心，自己原來選的股票是錯誤的，但還賠著錢呢，

如果斬倉拋出了，以後又找不到更好的股將錢補賺回來，還不如留著這些股票等著翻本呢！

在我們猶猶豫豫時，就需要手辣。手辣意味著一種決心，一種快刀斬亂麻的勇氣：寧肯錯殺三千，不可錯選一個。手辣意味著一種勇氣，捨得，捨得，有捨才有得。在選擇好的股票之前，首先必須捨棄壞的股票。

你明明知道自己的選股是錯誤的，為什麼不立即改正並放棄錯誤的股呢？其實發生錯誤，再去改正錯誤，就已經有點晚了，一個更好的方法就是下手之前，學習巴菲特，堅持嚴格的選股標準，只選正確的股票，不選錯誤的股票、不犯錯誤，儘量少犯錯誤，這樣後面就不至於花費很大的代價，來改變自己的錯誤。巴菲特之所以選股非常成功，就在於他確立了系統的選股標準，一開始就將事情做對，所以就很少需要事後彌補錯誤了。

其實我們大多數人之所以能夠婚姻幸福，關鍵在於我們選對了人。一開始就選對伴侶，以後就不用付出分手的痛苦了。要想選對合適的妻子，選妻之前，一定要知己知彼，首先要瞭解自己是什麼樣的人，要找一個什麼樣的人，再去瞭解對方是什麼樣的人，判斷她是不是自己想要的相伴一生的那個人。選股之前，同樣要知己知彼，既要瞭解你自己，也要瞭解那些上市公司，從中選擇最瞭解、最有把握的公司股票。

事實上，選股並不難，難的是持股。為什麼呢？原因很簡單：拿不住。要想賺到大錢，不但要選對大牛股，還要拿住大牛股。正如巴菲特所說：「用屁股賺錢比用腦袋賺得更多。」

很多人只重視用腦袋絞盡腦汁來選大牛股，卻不能把屁股穩穩地坐在選到的大牛股的牛背上，他們不停地從一個牛背跳上另一個牛背，結果騎了很多牛，卻沒能跑多遠。回頭一看才發現，其實騎著任何一支大牛股，都能跑得很遠。大牛股，拿得住，你就會是大牛人；大牛股，拿不住，你就會是最後悔的人。

學習巴菲特，在股票上實現長期巨大的收益，就一定要拿得住。

記住，股票投資絕不是閃電戰，而是持久戰。

最後的勝利在於：堅持，堅持，再堅持。

也許你會有疑問，股票是用來炒的，只有套牢了，沒辦法才當股東，這樣主動被套牢怎麼賺錢呢？

錯誤！

股票不是用來炒的。

股票是公司股權的憑證。你不會把你個人投資的公司來回買賣，也不應該把一

家公司的股票來回買賣。正如巴菲特所說：你買的不是股票，而是公司。

你要學習巴菲特，首先問問自己，我下定決心長期持有了嗎？

巴菲特一生的經驗發現：長期持有一支股票數年甚至數十年，收益率遠遠高於短線頻繁買賣數百支股票。

「我們也並不認為其他人能夠像蜜蜂一樣，從一朵小花飛到另一朵小花來取得長期的投資成功。」一生活中有那麼多人癡迷於買彩票，想中獎一夜發大財，卻不願努力工作辛苦賺些小錢積累成大錢。巴菲特早已明白，短線波段操作，看起來似乎賺錢又快又多又爽！然而，事實正好相反，天天累得要命快進快出，只能賺小錢；長期持有，一動不動，卻能輕輕鬆鬆、慢慢賺大錢。

巴菲特說的沒錯吧？沒有，巴菲特之所以決心長期持股不動，關鍵在於他對長期投資更成功有著巨大的信心，而且這種信心建立在理性的分析上。對於投資者來說，一時的暴利並不代表他在長期（數年甚至數十年）內的盈利，經常的微利卻可以轉化成長期內的巨大收益。

長線投資比短線投機更成功，關鍵在於複利的巨大威力，這正是沃倫·巴菲特長期投資的根本信心所在。

想像一下，你手裡有一張足夠大的白紙。現在，你的任務是，一張紙厚度只有

0.1毫米，也就是說1萬張紙才有1米高。那麼，把它折疊52次，它有多高？一個冰箱？一層樓？或者一棟摩天大廈那麼高？不是，差太多了，它的厚度是2.25萬億公里，超過了地球和太陽之間的距離1.5萬億公里的50%。這可能是一個想像不到的高度，而其他人想到的最高的高度也就是一棟摩天大樓那麼高。折疊52次的高度如此恐怖，但如果僅僅是將52張白紙各折疊一次後放在一起呢？只不過是10.4毫米。這就是複利與單利的區別。

長期投資就是一張紙連續折疊很多次，短線投機是一張紙折疊一次，然後再折疊另一張紙。顯然52張紙各折疊一次，遠遠不如一張紙連續折疊52次。就像是與你根本不太瞭解的每一個女人過上一年，遠遠不如與一個心愛的女人連續過上52年，成為金婚夫婦。事實上，每結婚又離婚一次，成本是巨大的。

巴菲特告訴我們，投資同樣如此，在同樣的複利利率下，連續多次進行不同的投資，收益率遠遠不如長期持有單一的投資。因為每次買入又賣出股票一次，交易成本和稅收成本也是巨大的。成本越大，你最終拿到手的淨利潤越少。頻繁買賣投資，利潤會隨著複利大幅增加，同樣成本也會由於複利大幅減少，造成投資淨利潤大幅減少。而長期投資於單一項目有兩重好處：一方面能夠通過複利快速增收，同時由於交易次數減少也能節省很多稅金。

即使不考慮資本利所得稅，只考慮印花稅和手續費傭金等交易成本，頻繁短線買進賣出，由於複利的作用，也會大幅減低總的投資回報率。這是巴菲特堅持長期投資而反對短線買賣的另一個重要原因。

長期投資是一個漫長的過程，比馬拉松的過程要更加漫長，甚至比婚姻的過程還要漫長。一個成功的婚姻，雙方要有決心，有信心，但在漫長的婚姻過程中，更要有耐心，相互容忍體諒，才能歷經一個個風波後，收穫幸福。一個成功的長期投資，比婚姻更加需要耐心，因為你的對方不是一個有感情的人，而只是一個無法交流感情的公司，只是一堆有數字的股票。這需要你更加堅忍。巴菲特根本不打算短期買賣賺錢：「我從未期望通過股市買賣股票賺錢。我們買入股票時假設股市第二天會關閉，甚至在五年內股市，都不會再開市。」

事實上，我們經常聽到長期持股發大財的傳奇故事，某老太太買了什麼什麼股票，結果她忘記了，一放就是好多年，最近股市一火，才想起來，發現她的這支股票大漲了幾十倍。如果她記得自己買有股票，又經常聽到股市議論的話，發現賺了一點，或者跌了一點，可能早就拋了，反而不會長期持有到最後，根本不可能賺到大錢。

請注意，沃倫·巴菲特不是聾子，不是瞎子，他天天在股市裡，天天看書、讀報，對股市動靜非常清楚，但他卻是主動鎖定，主動套牢，對幾支決心長期持有的股票，無論大漲，還是大跌，堅決長期持有，一股也不拋。這種堅忍非一般人能比，我稱之為達到了古代聖賢孟子所謂的「大丈夫的三重境界」。

你購買股票的好公司暫時失敗了，遇到熊市股價大跌了，你是不是要割肉呢？會的，大部分人都會的。有一個很流行的做法叫止損。是的，在虧損10％或者20％的時候，堅決割肉，確實能夠止損。

在這個是時候你需要問自己：著急用錢嗎？能不能不因恐懼而賣股票？5年之後還回不來嗎？10年之後呢？長期看不是很清楚、很明瞭會賺錢嗎？

手裡的股票一有動靜就想拋，甚至不惜割肉止損。但是，止損只會讓你一損再損。因為你止損後還要再買入其他股票，你並沒有把握下一個就一定會賺錢。如果你看準了，就決不要隨便止損割肉。就像你的孩子一樣，如果你對他有信心，就絕不能因為一兩次考不好，就放棄他一生的前途。

沒有人知道你的股票什麼時候會突然上漲，也沒有人知道為什麼股市會經歷長達四年的大熊市。所以你買入股票的原因不應該是這支股票馬上會漲，你買入的原因應該是你相信這支股票的價格比真實的價值低了很多，你相信它最終肯定會漲，堅信價格最終會回歸於價值。

很多人股票被套牢了，反而能夠耐心持有，長期投資。但他們受不了的是，別人的股票漲得快，自己的股票漲得慢。別人的股票漲得多，自己的股票漲得少。受不了自己的股票不如人，於是就拋掉，換熱門股。結果呢？最後發現自己拋掉的才是真正的大牛股。

只要你堅信自己選的公司有長期競爭優勢，那麼別人的股票再漲，大盤再漲，也不能屈服，決不換股，長期持有。這就是威武不能屈。

從一九九五年到一九九九年美國股市累計上漲超過2.5倍，是一個前所未有的大牛市。最重要的推動力是網路和高科技股票的猛漲。而巴菲特卻拒絕投資高科技股票，繼續堅決持有可口可樂、美國運通、吉列等傳統行業公司股票，結果在一九九九年牛市達到最高峰時大敗給市場。股東們紛紛指責巴菲特，幾乎所有的報刊傳媒也在說股神巴菲特的投資策略過時了，但是，巴菲特不為所動，他繼續堅決持有可口可樂等傳統行業的股票。

最終的結果證明，股神巴菲特的堅持是正確的。

# 5・為什麼巴菲特的投資方法看似簡單，操作起來卻很困難？

**具體操作時容易犯哪些錯誤？**

1．你看到的結果是巴菲特把複雜的投資決策流程簡化到一定程度，就像看到蘋果把複雜的科技創新簡化到一塊5寸屏幕背後一樣，這種被簡化到極致的功夫是最難被複製的。

2．別人看起來好像很簡單的東西未必真簡單。有多少人能準確地描述巴菲特的方法論呢？

接下來簡單說一下巴菲特的行為有多難：

1．巴菲特說，自控這東西一部分後天培養，一部分天生。你是否曾自問，我

的自控能力如何？

2．巴菲特的搭檔芒格說的一句話很好：「價值投資就像賭馬，如果你賭的永遠是賠率最高的馬，那你沒機會賺大錢，你唯一能做的是在別人標錯賠率的情況下下重注。」而巴菲特和芒格的能力，就是要在紛繁複雜的世界裡，找到被標錯賠率的馬／好公司。這需要複雜的知識結構和極其好的判斷力。僅這一點，多數人都已經被排除在外了。

3．下重注就必須有資本下重注。巴菲特的資本是什麼？是他控制的大量的保險公司的浮存金（即保戶向保險公司繳納的保費）。伯克希爾公司並非這世界上擁有現金最多的公司，但它是能夠以較低成本獲得大量資金的公司之一。這幾乎是獨一無二的。雖然這世界上有很多一流投資人，但都是管理資金，管理資金和管理自己的錢及低成本調動大量資金是完全不同的。

4．巴菲特從10歲把奧馬哈圖書館裡所有關於投資的書都讀光，從20歲遇到班傑明．格雷厄姆，過去60年在一條路徑上銜枚疾走，又有多少人可以比？

巴菲特的投資方法看似簡單，操作起來也不難。但不是人人能夠做到。為什麼並不是人人都能做到呢？

1・巴菲特主要投資的美國上市公司，它們受到比較嚴格的監管，欺騙作假唬弄投資人的事情較少發生。

2・投資必需排除背景噪音，聚焦在最重要的因素。年度報表誰都會看，既不用高等代數，也不用三角幾何。而且巴菲特也從不玩期權、期貨、短線、邊緣之類。但是如何從能夠淹死人的信息中，抓住從你的投資哲學出發最核心的信息，不僅僅是一個技術層面的問題，而是一個需要刻意追求的境界。如果把巴菲特特的投資哲學濃縮到一個字，就是Moat。Moat字面意思是「護城河」，這裡體現了一個公司超越其他對手的空間。這個空間越大，Moat就越寬。巴菲特投資的可口可樂、運通、富國銀行、穆迪、IBM等，都是超級品牌，雄厚資金，護城河是極其寬廣。巴菲特曾經說：「給我一百億美元，我也無法做個新飲料打敗可口可樂。」這就是護城河的威力，它是實實在在可以用價值來體現的。認準了這個投資哲學，就要拋棄短期的因素，像廠房失火之類的突發事件或分析師降級這類來自華爾街的噪音。這些事情對巴菲特來說根本就不是個事兒。

3・巴菲特的經驗可以學習，但性格比較難改。投資不僅僅是一個經驗的積累，也是一個性格的反映。它不僅考驗一個人的思考能力，也考驗一個人的決策能力，更考驗一個人的耐性、自信心。試想，巴菲特購入的股票不會總是一直攀升

的，很多情況下可能停滯、甚至下跌好幾個月或數年。作為一個投資者你能在別人瘋狂賺錢自己賠錢的情況下，保持冷靜，自信嗎？你敢對整個華爾街說「不」嗎？如果你的答案是「是」，你就有可能成為巴菲特。

4．要深入瞭解社會。巴菲特從小就混跡於商業場合，他11歲隨做議員的父親去華盛頓，在華盛頓的巴菲特開始和別人一起修理遊戲機倒賣。可以說他對美國的社會見多識廣，絕非紙上談兵之流。巴菲特看報表不僅僅是看大家都能看到的數字，他還能體會到數字後面的背景和涵義。可以說，巴菲特如果不做投資家的話，肯定會是一個出色的企業家。因為他瞭解美國的脈搏。

5．巴菲特的特殊之處在於，巴菲特成在美國最黃金的發展時期，從20世紀50年代到90年代。從回報率來看，要想達到巴菲特級別（持續數十年接近30％左右的年增長率），在美國恐怕是很難了。也許將來的新興國家會有這個可能？但是如果你有適合長期投資的性格和專注的決策能力，並且像巴菲特一樣選擇了一個非政策性股市做投資，也許，你像巴菲特那樣持續超越股市平均回報並不是很難的。

# 6・巴菲特的12個忠告

## 投資原則：始終能贏的前提

巴菲特絕對不會投資他不熟悉、不瞭解的任何公司。股神之所以成為股神，就在於他將自己的投資目標限制在自己能夠理解的範圍內。巴菲特過去曾告訴過投資者，現在仍然在告訴投資者的一句話就是：「一定要在自己的理解力允許的範圍內投資。」又說：「投資的原則可用6個字來概括，即『簡單、傳統、容易』。」

### ⊙巴菲特忠告1：不熟不做，不懂不買

早在巴菲特經營合夥公司時，就經常會有他的客戶打電話給他希望他注意某些股票。巴菲特對此類電話的回答幾乎沒有換過詞令：「我不懂這些股票，也不瞭解那些股票。我不會買我不瞭解的股票。」

⊙巴菲特忠告2：必須投資明星企業

巴菲特說：「選擇一個優秀的明星企業，比投資技巧和信息更重要。因為這是你能達到投資目標的唯一保證。」

⊙巴菲特忠告3：正確評估投資企業是唯一的原則

巴菲特認為，在買進股票的時候，要將自己當成企業分析家，而不是市場分析師或總體經濟分析師，更不是有價證券分析師。

## 投資策略：抵達目標的方法

無論經濟繁榮還是低迷，無論股市行情牛氣沖天還是一熊到底，巴菲特都能在股票市場取得驚人的業績。憑著獨特的投資策略，巴菲特為自己也為投資人創造了巨額財富，並一度成為全球首富。

⊙巴菲特忠告4：把握好投資的尺度

巴菲特之所以能從白手起家奮鬥到成為人們眼中的「股神」，主要有賴於他的

「安全邊際」投資策略。「安全邊際」從兩個方面協助你的投資：第一是緩衝可能的價格風險。第二是可獲利相對高的權益回報率。

## ⊙巴菲特忠告5：集中投資，把雞蛋放在同一個籃子裡

在長期的投資過程中，巴菲特採用的是集中投資策略，「不要把所有雞蛋放在同一個籃子裡是錯誤的，投資應該像馬克．吐溫建議的那樣，『把所有的雞蛋放在同一個籃子裡，然後小心地看好它』。」

## ⊙巴菲特忠告6：玩好股市，每時每刻都要計算

巴菲特談到橋牌時說：「這是鍛煉大腦的最好方式。因為每隔10分鐘，你就得重新審視一下局勢。在股票市場上決策不是基於市場上的局勢，而是基於你認為理性的事情上。……橋牌就好像是在權衡贏得或損失的概率。你每時每刻都在做著這種計算。」

## ⊙巴菲特忠告7：永久性地持有優秀企業的股票

巴菲特的投資策略是，願意永久性地持有那些優秀企業的股票。他的理由是：

如果擁有一支股票，期待它下個星期就上漲，那是十分愚蠢的。

## 投資智慧：通向成功的捷徑

眾所周知，證券投資是一個複雜多變的領域。作為股神的巴菲特與其他人不同之處在於，他不但通曉投資遊戲規則，還深諳投資規則背後所隱藏的道理。他以超人的智慧識別出市場中永恆的法則與多變的因素，使證券投資成為一種理性的行為，而邁向成功。

### ⊙巴菲特忠告8：避免竹籃打水的出現

想要一夜暴富或許是大部分投資者的心理，而這種急功近利也就往往成為他們的通病。股票買入後一兩個月沒有漲就感到忐忑不安。一旦虧損就會馬上換股。但剛拋出後它卻又漲了，而剛買進的股票又陷入虧損。這樣的錯誤一次又一次不斷的重複，最後竹籃打水一場空。

### ⊙巴菲特忠告9：投資者必須具有良好的心態

巴菲特認為，優秀投資者的第一個標簽便是良好的心態，這是獲得成功的前提。巴菲特之所以能成功，主要得益於他的理智、自信和獨立思考的品質。

### ⊙巴菲特忠告10：培養正確的投資習慣

股市並不以學歷和聰明或愚笨來判斷一個人的能力，只要有不投機、不借錢炒股……的習慣。那麼，通向成功的路或許並不遙遠。

### ⊙巴菲特忠告11：拒絕市場的感染和控制

巴菲特認為，市場是自己的僕人，而非自己的嚮導。所以，巴菲特經常提醒他的股東：「要想投資成功，必須拒絕市場對你的感染和控制。」

### ⊙巴菲特忠告12：記住股市大崩潰

巴菲特投資智慧的首要之處是：記住股市大崩潰。也就是說，要以穩健的投資策略確保自己的資金不受損失，並且要永遠記住這一點。

## 7．什麼是「滾雪球」戰略

目標市場的「滾雪球」拓展戰略，是中小企業最常用的一種策略，即企業在現有市場的同一地理區域內，採取區域內拓展的方式，在佔領了一個地區後再向另一個新的區域進軍的拓展戰略。

具體來講，這種戰略的拓展以某一個地區目標市場為企業市場拓展的「根據地」和「大本營」，進行精耕細作，把「根據地」和「大本營」市場做大、做強、做深、做透，並成為企業將來進一步拓展的基礎和後盾。在「根據地」市場佔有了絕對優勢和絕對穩固之後，再以此為基地向周邊鄰近地區逐步滾動推進、滲透，最後達到佔領整個市場的目的，形成滾雪球（Snowball）式發展。

採取「滾雪球」的市場拓展戰略具有以下優勢：

## 有利於企業降低營銷風險

「根據地」的營銷戰略能為周邊地區的營銷實踐提供豐富的經驗和良好的示範。企業在全力建設「根據地」市場的過程中，對產品的市場營銷規律有了較多的研究，包括成功的經驗和失敗的教訓。

「根據地」營銷經驗的日積月累自然成為企業日後向周邊拓展最寶貴的財富和資本，營銷的失誤會進一步減少。隨著市場的不斷滾動拓展，企業的「根據地」市場地盤的擴大，這些經驗和教訓愈加豐富，市場營銷的風險會越來越低。

## 有利於保證資源的及時滿足

市場滾動的開始是以「根據地」市場的「兵強馬壯」為基礎的。已做大做強的「根據地」市場的利潤豐收為新開拓市場提供充足的資金積累，「根據地」營銷實踐成為企業營銷人才培養的「黃埔軍校」，因而在市場拓展中能源源不斷地向前方市場輸送人才。

## 有利於市場的穩步鞏固拓展

「滾雪球」市場拓展戰略是在現有市場牢牢被佔領之後，才向新的周邊市場拓展，秉持穩健踏實的理念，達到步步為營的目標。

許多民營企業就採用了這種「滾雪球」的循序漸進戰略。如在大陸享有盛名的「大隆」鞋業，其鎖定的目標市場主要是「三州」，即以男鞋為主的溫州、以女鞋為主的福建泉州、以旅遊鞋為主的廣州。「大隆」首先當然是近水樓臺先得月，溫州鞋業市場為將來進一步發展的「根據地」。當佔領溫州70%的鞋業市場，取得絕對穩固的壟斷地位以後，再在溫州發展，潛力已經不大，於是就向周邊地區市場滾動。「大隆」第二步滾到了緊鄰的泉州市場，並把溫州的服務經驗「拷貝複製」到新市場，取得了很好的效果。現在「大隆」又向福建鄰近的廣州進軍了。

另有一些加盟企業也會採取「滾雪球」的作戰方式，有效擴展事業版圖。

# 第5章

# 「價值投資」巴菲特的老師格雷厄姆等大師

價值投資（Value Investing）是一種常見的投資方式，專門尋找價格被低估的證券。不同於成長型投資人，價值型投資人偏好本益比、賬面價值或其他價值衡量基準偏低的股票。

# 1．班傑明．格雷厄姆：我是投資教父

班傑明．格雷厄姆生於一八九四年5月9日的倫敦，他出生的時候正是美國的淘金潮。將眾多的人吸引到美國西部的人流中可不只有美國人，作為英國人的班傑明．格雷厄姆的父母同樣也被美國西部發現的金礦所吸引，他們帶著小班傑明飄洋過海，到了美國的紐約。

班傑明．格雷厄姆9歲的時候就失去了父親，他的家族的陶瓷生意也隨即破產了，母親多娜只能靠到處打點零工養家。

在格雷厄姆13歲的時候，他的母親多娜將家裡所有錢都拿去炒股，一個破產家庭的無業婦女都拿著微薄的家底去股市折騰了，不偏不巧，多娜一進入股市，股市指數就跌了49％，多娜在美國鋼鐵公司的股票上虧掉了所有的錢，還欠下了債。

班傑明．格雷厄姆在布魯克林中學讀書時，他不僅對文學、歷史有濃厚的興趣，對數學尤其喜愛。數學中所展現的嚴密邏輯和必然結果對他來說實在是太有吸引力，這個吸引力不亞於他的父母被美國西部所發現的金礦而離鄉背井。

從布魯克林中學畢業後，班傑明．格雷厄姆進入哥倫比亞大學開始了他的大學生涯。當時的格雷厄姆一家並不富有，因為他們一家人並沒有到美國西部淘金熱潮的地方去，他們定居在美國東岸的紐約，這就意味著年輕的格雷厄姆不能像家庭富有的同學那樣毋須考慮學費與生活費的問題，他必須為自己的學費和生活費去盡可能多多勤工儉學。

一九一四年，格雷厄姆以榮譽畢業生和全班第2名的成績，從哥倫比亞大學畢業。此時的格雷厄姆面臨一個選擇：是留校教書還是另謀他職，因為他們一家的經濟狀況並沒有隨著時間的推移而到了無需擔心生活費用的程度。確切地說，格雷厄姆需要一份報酬相對優厚的工作來改善家庭的經濟狀況，他只有一個選擇：放棄留校教書。在當時的哥倫比亞大學校長卡貝爾先生提供了他的幫助，在他的力薦下格雷厄姆進入了華爾街。

同年夏天，格雷厄姆來到華爾街的紐伯格．亨德森．勞伯公司成為一名信息員，他的職責是將債券和股票價格貼在黑板上，週薪12美元，這是紐約證券交易所最低等的職業之一。你很難想像一個未來的華爾街教父級的人物，就這樣開始了他在華爾街傳奇性的生涯了。

不過，班傑明．格雷厄姆在這個職位上並沒有待多久，他很快就向紐伯格．亨德森・勞伯公司證明了他的能力。不到三個月的時間，格雷厄姆就離開了他的信息員的職位轉而成為一個研究報告撰寫人。而他的文學修養和嚴謹的科學思維與淵博的知識所形成的簡潔而富有邏輯性的文風，使得他的研究報告在華爾街證券分析領域獨樹一幟。

紐伯格・亨德森・勞伯公司給班傑明・格雷厄姆的影響是深遠的，因為這家公司就是他的「大師訓練場」，在這個「訓練場」，這位未來的股票大師得以全面熟悉證券業的一整套經營管理知識，這些知識包括證券買賣程序、行情分析、進貨與出貨時機、股市環境與股市人心等在內的實際運作方法。

對於之前從未受過正式的商學院教育的格雷厄姆來說，源自親身實現的經驗要遠遠比書本上的描述來得更為深刻。

紐伯格・亨德森・勞伯公司的老闆紐伯格經過仔細觀察，他注意到格雷厄姆的巨大潛力與才幹。不久，格雷厄姆被提升為證券分析師。於是，班傑明・格雷厄姆的投資生涯真正開始了。

當時的華爾街的人們習慣以「道氏理論」和「道瓊指數」來分析股市行情，而對單一股票、證券的分析尚停留在較為原始、粗糙的階段，而且普通投資者在投資時通常傾向於債券投資方式。對於股票投資，投資者普遍認為過於投機，風險太

大，難以把握。之所以會造成投資者作出如此選擇，一方面是因為債券有穩定的收益，而且一旦發行債券的公司破產清算，債券持有人較股東有優先清償權，購買債券的安全係數明顯要高於購買股票；另一方面主要是因為一般公司當時只是公佈籠統的財務報表，這就使得投資者難以瞭解其真實的財務狀況。

班傑明．格雷厄姆透過那些上市股票、債券公司的財務報表，以及對那些公司資產的調查研究發現，上市公司為了隱瞞利潤或在債權清理時逃脫責任，常常會千方百計地隱瞞公司資產，公司財務報表所披露的是低估後的資產，而這一做法造成的直接後果就是反映到股市上的股票價格往往大大低於其實際價值。操縱者可以通過發佈消息來控制股價的漲跌，股市完全在一種幾乎無序而混亂的狀態下運行。

班傑明．格雷厄姆決定拿隱瞞大量資產的公司開刀。他開始從上市公司本身、政府管理單位、新聞報導、內部人士等多種渠道收集資料，通過對這些收集到的資料進行研究分析，搜尋那些擁有大量隱匿性資產的公司。

一九一五年9月，班傑明．格雷厄姆注意到一家擁有多家銅礦股權的礦業開發公司——哥報海姆公司，這家公司當時的股價為每股68.88美元。格雷厄姆在獲悉哥報海姆公司即將解散的消息後，通過各種渠道收集這家公司的有關資料，對這家公司的礦產和股價進行了詳盡的技術分析，他發現了哥報海姆公司尚有大量的不為人知的隱蔽性資產，通過計算，他準確地判斷出哥報海姆公司股票的市場價值與其實際資產價值之間有一個巨大的價差空間。他認為投資哥報海姆公司的股票將會帶來豐厚的回報，他隨即建議紐伯格先生大量買進該股票。紐伯格先生接受了格雷厄姆的建議。當一九一七年1月哥報海姆公司宣佈解散時，紐伯格的公司從這筆買賣中賺取了數十萬美元的利潤，其投資回報率高達18.53%。

因為這個交易而使得班傑明·格雷厄姆在華爾街有了自己的一點聲譽，他不再是那個初到華爾街拿著粉筆抄寫數據的無名氏了，班傑明·格雷厄姆這個名字開始被華爾街的一些人所知曉了。

之後，班傑明·格雷厄姆的一些親友開始請他做他們投資的代理人，他接受了他們的請求。這也是他第一次嘗試為一些私人做投資。剛開始時，他所操作的私人投資確實獲得了良好的收益，但一年後發生的「薩幅輪胎事件」卻讓他受了重傷。

當時的華爾街盛行一種買入即將公開上市公司股票非正式交易，這個交易除了在相關的上市公司尚未上市前即購入其股票外，獲利的方式則是待其上市後從中套利。作為華爾街證券分析師的班傑明·格雷厄姆自然對此不陌生。他的一個朋友透露了一個消息給他：薩幅輪胎公司的股票即將公開上市。他未及仔細分析，便聯合一批同事、朋友分批購入薩幅輪胎公司的股票。而實際上薩幅輪胎公司的股票認購

純粹是一種市場操縱行為，幕後操縱者在將薩幅輪胎公司的股票股價狂炒之後，突然拋售，包括班傑明．格雷厄姆在內的大批投資者被無情套牢，而薩幅輪胎公司的股票最終也沒有上市。

「薩幅輪胎事件」使班傑明．格雷厄姆對華爾街的本質有了更深刻的認識。他也從中得出了兩點經驗：一、是不能輕信所謂「內部消息」；二、是對人為操縱市場要保持高度的戒心。

一九二〇年，班傑明．格雷厄姆成為了紐伯格．亨德森．勞伯公司的合夥人。

在班傑明．格雷厄姆看來，投機並不是一項好的投資，因為投機是建立在消息上面的，其風險非常高。當股價已升至高檔的上端時，很難說哪一支股票沒有下跌的風險，即便是績優股也不例外。所以，從嚴格的意義上來講，基於事實本身的投資和基於消息的投機，兩者所蘊涵的風險是截然不同的。如果一家公司真的營運良好，則其股票所含的投資風險便小，其未來的獲利能力一定比較高。而風險在股市上是永遠存在的，沒有風險就沒有股市，任何一個投資者要想成功，均需依靠行之有效的技巧來規避風險並進而獲利。

在此基礎之上，班傑明．格雷厄姆將期權買賣交易運用到規避投資風險上，為自己的投資組合設計了一整套系統保險方案，如當一證券看漲時，僅花少許金額買下它的待買期權，待日後升值時再以約定價格低價買進；當某一證券看跌時，花少許金額買進其待賣期權，以便將來下跌後再以約定價格高價賣出。期權買賣利用其槓桿作用，可以以小搏大，使得無論市場走向如何，都具有投資獲利的潛力。即使對證券價格走向出現判斷失誤，因此而造成的損失最多只限於購買期權時所投入的一小筆資金。

班傑明．格雷厄姆規避風險的技術對於那些時刻擔心自己的投資會因證券市場的變幻莫測而損失殆盡的投資者而言，無疑是一種萬全之策。班傑明．格雷厄姆的這個理論也給他帶來了聲譽。

一九二三年年初，班傑明．格雷厄姆離開了紐伯格．亨德森．勞伯公司，他要自己做自己的老闆了。同年，他成立了格蘭赫私人基金，資金為50萬美元。他選中的第一個目標就是當時在世界聲名遠揚的美國化工巨頭：杜邦公司。

一九二〇年，美國軍火巨頭杜邦公司利用通用汽車公司正陷於暫時無法償還銀行貸款的財務困境，通過一場蓄謀已久的兼併戰，兼併了通用汽車公司。杜邦公司對通用汽車公司的兼併形成了兩公司交叉持股的態勢。

一九二三年8月，美國經濟復蘇，杜邦公司失去了軍火暴利來源，其股價急劇下滑，每股股價僅維持在297.85美元左右；而通用汽車公司因汽車市場需求的大增

而利潤直線上升，每股股價高達385美元。

班傑明．格雷厄姆注意到杜邦公司和通用汽車公司股價之間存在巨大的差距。經過分析，他認為由於杜邦公司持有通用38％以上的股份，而且這一份額還在不斷增加，所以市場現階段兩種股票之間的價格差距就是一種錯誤，而由股市造成的錯誤遲早都會由股市自身來糾正，市場不可能對明顯的錯誤長久視而不見，一旦這種錯誤得到糾正之時，就是有眼光的投資者獲利之時。

於是，班傑明．格雷厄姆不僅大筆買進杜邦公司股票，而且更大筆賣出通用汽車公司的股票。這樣，他就會因杜邦公司股票上漲和通用汽車公司股票下跌而雙向獲利。兩個星期後，市場迅速對杜邦公司和通用公司股價之間的差距作出了糾正，杜邦公司股價一路攀升，升至每股365.89美元，而通用汽車公司股票隨之下跌，跌至每股370美元左右。班傑明．格雷厄姆迅速獲利了結，不算他賣出通用公司股票之間的差價，其單項投資回報率高達23％。這使格蘭赫基金的大小股東們都賺到了一大筆的錢。

格蘭赫基金運作一年半，投資回報率就高達100％以上，遠遠高於同期平均股價79％的上漲幅度，但是，賺到大把鈔票的大小股東們和他在分紅方案上的意見上卻出現了嚴重的分歧，格蘭赫基金最終不得不以解散而告終。失業的格雷厄姆來不及失望，因為他在此期間意外地遇到了他的最佳黃金搭檔——傑羅姆．紐曼。

傑羅姆．紐曼具有非凡的管理才能，擅長處理各種繁雜的事務，班傑明．格雷厄姆無需將自己的時間劃分給龐雜的行政事務和其他可能的棘手問題的處理，他可以集中精力專注於證券分析以作出最佳投資策略。

一九二九年的華爾街股災發生前夕，美國的股票市場的火熱只能用「瘋狂」來形容。當時的美國股市瘋狂到什麼程度呢？

當時的美國報章為歷史留下了這樣的記錄文字：

「一個發瘋的乘客，憤怒地指責沒有在每節地鐵車廂裡都裝上電傳打字行情機……」

「在波士頓的一家工廠裡，在所有的車間都安放了大黑板，一名職員每隔一小時就用粉筆寫上交易所的最新行情。」

「在德克薩斯州的一個大牧場上，工作中的牛仔們通過接通電臺的高音喇叭，一分鐘一分鐘地瞭解行情。高音喇叭裝在牧場上和牲口棚裡。」

在一九一四年～一九二九年美國股票市場投資狂潮中，整個美國也都為股票市

場所激動著。美國到處是一片經濟繁榮的景象，股市經歷10多年之久的大牛市後，居民們熱衷於談論和參與股票交易活動，人們沉浸在一片樂觀的投資氛圍中。有意思的是人人都知道繁榮之後必定是蕭條，但是人人都無比樂觀：

通用汽車公司總裁激動地說：「人人都會富裕，我們每個人都是股東。」

財政部長向美國人民保證：「這一繁榮的景象，還將繼續下去。」

美國總統胡佛壯志豪情地說：「我們正在取得對貧困戰爭決定性勝利的前夜，貧民窟即將從美國消失！」

一九二九年10月22日，當時最負盛名的經濟學家、耶魯大學經濟學教授歐文．費雪在《紐約時報》的頭條新聞中，向《紐約時報》的讀者們保證：「我認為股票價格還很低。」

當時的人們可不只是在談論股市和股票。

在一九二九年華爾街股災發生之前，美國股票市場很紅火。當時美國從事證券股票經紀的商人很多，多到了必須他們必須雇用了大批的股票推銷員在城市的街道上、在鄉鎮裡、在幾百家小銀行裡、在千家萬戶門前，向市民們和農夫們一遍又一遍地大講特講炒股的好處，他們要將自己所服務的證券股票經紀公司老闆在二級市場上所購買的股票轉賣給這些不懂證券和股票交易所需的基本知識更不瞭解股市行情的散戶們。推銷員的所得來自他們成功推銷出去的每筆交易中的手續費，而他們所服務的證券股票經紀公司的老闆也從中獲利。為了賺取手續費，推銷員們甚至會將那些根本沒有償還能力的外國政府發行的債券也設法賣給那些被他們盯上的散戶們，自然推銷員們也不會告訴那些散戶這樣的交易可能會使得他們非但沒有能從交易中賺到錢反而會賠錢。

為了吸引更多的人入市，許多證券股票經紀商還專門設立了「女士專用房間」，有時還會在「女士專用房間」配備簡易的免費美容院。在這裡，女投資人可以從大黑板上得知最近的行情，女股民已占總投資者隊伍的20％。證券業在當時一派興隆景象。

而就在歐文·費雪向《紐約時報》的讀者們保證「股票價格還很低」後的第三天，也就是一九二九年10月24日，世紀大股災降臨美國。歷史上稱之為「黑色星期四」。那一天，紐約證券交易所的一千多名會員全都到場，這也是之前從來沒有過的。當天上午十一點，股市即瘋狂下跌，恐慌的人們競相拋盤。到了十一點半，股市已經狂跌不止。從一九二九年9月到一九三二年大蕭條的谷底，道瓊工業指數大約縮水了90％！

在這次股災中眾多美國富裕家庭一夜之間變成赤貧，跳樓的人數以千計。一時間，排隊跳樓自殺在當時的紐約成為了絕望的破產者中最流行的行為。

平時對股市指點江山的經濟學家等社會名流也沒有倖免。歐文·費雪是當時全世界最著名的數量經濟學家、耶魯大學教授。據說，年輕時歐文·費雪在瑞士旅遊時跳入山谷飛瀑下的一池水中，頓悟了如何定義「財富、資本、利息、收入的關係」，隨後，他的「費雪學說」問世，並因此而成為一代經濟學大師。

20世紀20年代，歐文·費雪靠發行卡片索引系統成為百萬富翁。到一九二九年歐文·費雪持有的股票最多時高達一千萬美元。這一千萬美元裡還有老婆、妹妹、親戚的儲蓄。在一九二九年股災中，這個全世界最著名的數量經濟學家歐文·費雪在股市全軍覆沒，還欠下了不少債務。幸好耶魯大學將他的房子買了下來，再轉租給他，這才避免了債主上門催債的時候將歐文·費雪教授趕出門去。

班傑明·格雷厄姆也沒有能倖免，當然，他還不至於需要跟著去排隊跳樓才能解決他的危局。

一九三〇年初，虧損還不多的班傑明·格雷厄姆到佛羅里達州去會見一位商人。老人已經93歲了，做了一輩子生意，老人告訴他說，別在這裡空耗時光了，你應該趕緊坐火車回紐約去把股票都賣了，清償掉債務，然後做你該做的事情。可惜班傑明·格雷厄姆非常自信，錯過了最後的逃命機會。

一九三〇年損失了20%以後，格雷厄姆以為股票市場沒事了，急於翻本的他又貸款抄底股市。然後的事情，用他的話就是「所謂的底部一再被跌破，那次大危機的唯一特點，就是一個噩耗接著一個噩耗，糟的越來越糟！」

一九三二年聯合賬戶跌掉了70%之多，班傑明·格雷厄姆實質上已經離破產只有0.1微米之遙了。後來，他在回憶錄中說——

> 一九三〇年共同賬戶最糟糕的財務年度，虧損50%。
>
> 持續5年沒有從共同賬戶上得到收益，靠教書、寫作和審計維生。
>
> 與海茲爾的婚姻出現問題。
>
> 一九三一年共同賬戶又虧損16%。
>
> 一九三二年共同賬戶再虧損3%（250萬美元已經損失70%了）。

幸好當時沒有長期投資、價值投資的說法，那年頭流行的投資真理就叫「跑得快」，也有個別相信股市有「神」的投資者，有一位叫鮑勃·馬羅尼富豪，特別相信班傑明·格雷厄姆就是股神，把上百萬美元都放到他這兒讓其投資。等鮑勃急需用錢時，他告訴鮑勃說，您這錢基本已經沒了。鮑勃是一位愛爾蘭鐵血硬漢，當時

就崩潰了，眼淚跟下雨一樣完全失控……

曾經對班傑明．格雷厄姆深信不疑其他客戶聞訊後，他們的反應是直接而迅速的——將委託他投資的錢拿回到自己的錢口袋裡去！所有的客戶的錢都撤走了，他沒錢可管了，格蘭赫基金看來只有宣佈關門大吉了。就在大股災中班傑明．格雷厄姆的故事已經到了大結局部分的時候，他的合夥人傑羅姆．紐曼的岳父來救人兼抄底了，羅姆．紐曼的岳父投入了點錢，格蘭赫基金才勉強撐了下去。

一九三四年，班傑明．格雷厄姆為了謀生，他寫出暢銷書《證券分析》，這本書大受歡迎，作者到處簽名售書，稿費在當時是天文數字。

在投資上，他也突然時來運轉，班傑明．格雷厄姆的時代來了！

在班傑明．格雷厄姆贏得巨大聲譽的同時，他所負責運作的格雷厄姆．紐曼公司也開始進入一個新時代。

一九三六年，實施了數年的羅斯福新政漸顯「疲憊」，華爾街也隨之再度陷於低迷。對於大多數投資者而言，即將面對又一輪的嚴峻考驗，而此時格雷厄姆的投資策略和投資技巧已相當成熟，操作起來更加得心應手。

這一次，班傑明．格雷厄姆並未像一九二九年那樣樂觀，但也沒有像其他投資者一樣陷入悲觀之中，他充分運用股票投資分析方法去搜尋值得投資的股票。他不再是重視以個別股的過去表現來預測證券市場的未來走勢或個別股的未來展望，而主要以股票市值是否低於其內在價值作為判斷標準，特別是那些低於其清算價值的股票更是他關注的重點。他在股市低迷期為格雷厄姆．紐曼公司購入大量的低價股，而且他像一九二九年股市大崩潰之前一樣對各項投資均採取了各種避險措施，所不同的是這次他真的做到了將資產保護得周全。

一般的投資者認為，為了規避投資風險，最好是從股市上撤離，斬倉出局，但班傑明．格雷厄姆認為這並不是唯一可行的最好方法。他一方面採取分散投資的方法規避風險，另一方面是投資於優先股，利用優先股再獲得低利率的融資，同時又可獲得約半成的股利，而普通股並不保證有股利，從而達到規避風險的目的。

班傑明．格雷厄姆的這些投資策略和投資技巧既表現出了對持續低潮的抗跌能力，又表現出了在弱市中的獲利能力。在股市開始反轉時，他在股市低迷期所購入的大量低價股獲得了巨大的回報。在一九三六年至一九四一年之間，雖然股市總體來講呈下跌趨勢，但格雷厄姆．紐曼公司在此期間的年平均投資回報率，仍然大大超過了同時期的標準普爾90種股票，同時期的標準普爾種股票平均虧損了0.6%。

隨著班傑明．格雷厄姆操作策略和技巧的日益精熟，他再也不會犯與一九二九

年同樣的錯誤了。當他注意到道瓊工業指數從一九四二年越過歷史性的高位之後仍然一路攀升，到一九四六年已高達212點時，認為股市已存在較大的風險，於是他將所持有大部分的股票獲利了結，因為找不到合適的低價股，他也沒有再補進股票。此時的格雷厄姆幾乎已退出市場。這也使得他因此而躲過了一九四六年的股市大災難，使格雷厄姆．紐曼公司免遭損失。

班傑明．格雷厄姆認為，一個真正成功的投資者，不僅要有面對不斷變化的市場的適應能力，而且需要有靈活的方法和策略，在不同時期採取不同的操作技巧，以規避風險，獲取高額回報。

班傑明．格雷厄姆在股市投資中堅持不懈地奉行自己創立的理論和技巧，並以自己的實踐證明了其理論的實用性和可操作性。其對政府員工保險公司股票的操作，成績斐然，令投資者欣喜若狂，成為他投資理論成功的最經典案例。

政府員工保險公司是由里奧．格德溫於一九三六年創立的。當時，里奧．格德溫發現政府員工的汽車發生事故的次數要比一般人少，而且若直接銷售保單給這些投保人可以使降低10％～25％的保費支出，於是，他邀請沃斯堡的銀行家克利夫．瑞亞做合夥人，共同創立了這家公司。里奧．格德溫投資2.5萬美元，擁有25％的股份；克利夫．瑞亞亞投資7.5萬美元，擁有55％的股份；克利夫．瑞亞的親戚擁有其餘20%的股份。

由於政府員工保險公司靠只向政府員工提供保險服務而減少了經營風險，再加上政府員工保險公司的保險成本比同行低30%～40%，因此，這家公司運作良好。但政府員工保險公司最大的股東瑞亞家族，因某種原因於一九四八年決定出售他們所持有的股份。

班傑明．格雷厄姆在得知政府員工保險公司股份出售的消息後，非常感興趣。在他看來，政府員工保險公司的情況完全符合他的投資理念。首先，政府員工保險公司財務狀況優異，盈利增長迅猛，一九四六年每股盈餘為1.29美元，一九四七年每股盈餘高達5.89美元，增長幅度太厲害了；其次，政府員工保險公司潛力巨大，由於其獨特的服務對象和市場寬度、廣度，前景非常看好；再次，政府員工保險公司最大的股東端亞家族同意以低於賬面價值10%的比例出售所持有的股份。這一切都促使班傑明．格雷厄姆要毫不猶豫地購買了政府員工保險公司的股份。

班傑明．格雷厄姆最終以每股475美元的價格購入瑞亞家族所持有的一半股份，即一千五百股，總計約72萬美元。

購買政府員工保險公司的股份，對班傑明．格雷厄姆來說，還僅僅是一個開始。他認為，像這樣業績優異，價格偏低，而且盤子較小的公司，其價值被市場嚴重低估；一旦為市場所認識，其股價肯定會大幅上揚。另外，作為一個新興行業，保險市場的潛力將會使投資者獲得較高的投資回報。他決定將政府員工保險公司推為上市公司。

政府員工保險公司的股票經細分後於一九四八年7月在紐約證券交易所正式掛牌交易，政府員工保險公司的股票當天的收盤價為每股27美元，到一九四八年年底，政府員工保險公司的股票就上漲到每股30美元。

上市後的政府員工保險公司，正如他所料，飛速成長，政府員工保險公司所服務對象也由過去單純的政府員工擴展到所有的汽車所有者，政府員工保險公司在美國汽車保險市場佔有率也由之前的15％猛增到50％，佔據了美國汽車保險業的半壁江山。幾年之後，政府員工保險公司就成為資本額為1億美元的龐大公司。

班傑明．格雷厄姆在政府員工保險公司擔任董事長時，他一直實行他長久以來所倡導的發放股利政策。以一九四八年政府員工保險公司上市市值計，到一九六六年，投資者的回報率在10倍以上，而他個人所持有的股票價值已接近一千萬美元。

政府員工保險公司的投資完整體現了班傑明．格雷厄姆投資思想的精髓，再一次向投資者驗證了這樣一種觀點：股市總是會犯錯誤的，「市場先生」的失誤，正是投資者獲取利潤的最佳良機。

一九五六年，雖然華爾街仍處於上升趨勢之中，但班傑明．格雷厄姆卻感到厭倦了。對他而言，金錢並不重要，重要的是他在華爾街找到了一條正確的道路，他要將這條道路毫無保留地指給了廣大的投資者。終於，在華爾街奮鬥了42年的他，決定離開華爾街了。

由於找不到合適的人來接管，他只好宣佈解散公司。之後，他選擇加州大學開始他的執教生涯，他想把他的思想傳播給更多的人。

## 2・班傑明・格雷厄姆教你賺錢

一九三四年年底，班傑明・格雷厄姆完成了他醞釀已久的《有價證券分析》這部劃時代的著作，並由此奠定了他作為一個「證券分析大師」和「華爾街教父」的不朽地位。

在班傑明・格雷厄姆的《有價證券分析》問世前，華爾街所流行的「道氏理論」與「費雪學說」，這兩種主導著華爾街乃至整個美國的金融界——它們在當時就是華爾街與美國金融界的操作手冊。

「道氏理論」是股市投資中最早提出的股市技術分析理論。其核心是如何通過股票價格或股市指數的歷史軌跡來分析和預測其未來的走向和趨勢。「道氏理論」將股市的漲落分為主導潮流、次級運動和日常波動三種類型。該理論認為由於次級運動和日常波動的隨機色彩很濃，不易預測和捕捉，而且持續時間往往不太長久，把握股市運動的主導潮流對投資者來說就顯得格外重要。

「道氏理論」詳細闡述了牛市和熊市的股市運動特徵以及如何判斷股市的主導潮流。同時，「道氏理論」還指明了股市趨勢發生逆轉時所必須經歷的三個過程：首先是股市發生長時間或大幅度的修正，同時明顯地反映在道瓊工業指數和運輸指數上；其次是股市出現反彈時，其中某一個指數或者兩個指數同時都未能逾越修正前的歷史水平；再次是股市再度出現修正後，兩個指數的修正幅度都更大於前一次的水平，同創新低。所以，道氏學說主要是一種把握股市整體運動趨勢的理論。

菲利普・費雪所提出了「費雪學說」則認為可以增加公司內在價值的因素有兩個：一是公司的發展前景，二是公司的管理能力。投資者在對該公司投資之前，必須對該公司進行充分的調查。

菲利普・費雪認為在判定該公司是否具有發展前景時，不必過於看重該公司一兩年內的銷售額年度增長率，而是應從其多年的經營狀況來判別；同時，還應考察該公司是否致力於維持其低成本，使利潤隨銷售增長而同步增長，以及該公司未來在不要求股權融資情況下的增長能力。在考察公司的管理能力時，應注意管理人員是否有一個可行的政策，使短期利益服從長遠利益；管理人員是否正直和誠實，能否處理好和雇員之間的工作關係；以及公司之所以區別同業中其他公司的業務或管理特點。「費雪學說」主張購買有能力增加其長期內在價值的股票。

班傑明·格雷厄姆的《有價證券分析》與「道氏理論」和「費雪學說」研究的著眼點是截然不同的，他所涉及的是一個到他為止尚無人涉足的領域。

## 投資與投機

在班傑明·格雷厄姆的理論提出之前，投資是一個多義詞。一些人認為購買安全性較高的證券如債券是投資，而購買股價低於淨現值的股票的行為是投機。而班傑明·格雷厄姆認為，動機比外在表現更能確定購買證券是投資還是投機。借款去買證券並希望在短期內獲利的決策不管它買的是債券還是股票都是投機。

在他的《有價證券分析》一書中，他提出了自己的定義：「投資是一種通過認真分析研究，有指望保本並能獲得滿意收益的行為。不滿足這些條件的行為就被稱為投機。」

班傑明·格雷厄姆認為，「對於一個被視為投資的證券來說，基本金必須有某種程度的安全性和滿意的報酬率。」當然，所謂安全並不是指絕對安全，而是指在合理的條件下投資應不至於虧本。一旦發生極不尋常或者意想不到的突發事件也會使安全性較高的債券頃刻間變成廢紙。而滿意的回報不僅包括股息或利息收入而且包括價格增值。他特別指出：「所謂『滿意』是一個主觀性的詞，只要投資者做得明智，並在投資定義的界限內，投資報酬可以是任何數量，即使很低，也可稱為是『滿意的』。判斷一個人是投資者還是投機者，關鍵在於他的動機。」

要不是當時債券市場的表現很差，班傑明．格雷厄姆有關投資的定義也許會被人們所忽視。在一九二九年到一九三二年短短四年間，道瓊債券指數從97.70點跌至65.78點，許多人因購買債券而破產，破產的人們排隊等著跳樓。沒有去跳樓的人們也不再將債券當做安全的投資工具來，人們開始重新審視原來對股票和債券的投資與投機的粗淺性認識。因此，班傑明．格雷厄姆所提出的投資與投機的定義，幫助許多人澄清了這項認知。

### 數量分析方法

班傑明．格雷厄姆的《有價證券分析》一書在區分投資與投機之後，他所為世界金融界做出的第二個貢獻就是提出了普通股投資的數量分析方法，解決了投資者的迫切問題，使投資者可以正確判斷一支股票的價值，以便決定對一支股票的投資取捨。在《有價證券分析》出版之前，尚無任何計量選股模式，格雷厄姆可以稱得上是運用數量分析法來選股的第一人。

美國華爾街股市在一九二九年之前，上市公司主要是鐵路行業的公司，而工業和公用事業公司在全部上市股票中所占份額極小，銀行和保險公司等投機者所喜歡的行業尚未掛牌上市。在格雷厄姆看來，由於鐵路行業的上市公司有實際資產價值作為支撐，且大多以接近面值的價格交易，因而具有投資價值。

早在19世紀20年代中後期，華爾街股市伴隨著美國經濟的繁榮進入牛市狀態，無論是上市公司的種類，還是股票發行量均大幅度增加。投資者的熱情空前高漲，但大多數投資投在房地產方面。儘管房地產公司曾顯盛一時，但接踵而來的是一系列房地產公司的破產，而商業銀行和投資銀行對此卻未引起足夠的警覺，去關注風險，反而繼續推薦房地產公司的股票。房地產投資刺激了金融和企業投資活動，進而繼續煽起投資者的樂觀情緒。正像格雷厄姆所指出的那樣，失控的樂觀會導致瘋狂，而瘋狂的一個最主要的特徵是它不能吸取歷史的教訓。

在班傑明．格雷厄姆的《有價證券分析》一書中，他指出造成股市暴跌的原因有三種：（一）交易經紀行和投資機構對股票的操縱。為了控制某種股票的漲跌，每天經紀人都會放出一些消息，告訴客戶購買或拋售某種股票將是多麼明智的選擇，使客戶盲目地走進其所設定的圈套。（二）借款給股票購買者的金融政策。到20世紀的20年代，股市上的投機者可以從銀行取得貸款購買股票，從一九二一年到一九二九年，其用於購買股票的貸款由10億美元上升到85億美元。由於貸款是以股票市價來支撐的，一旦股市發生暴跌，所有的一切就像多米諾骨牌一樣全部倒下。直至一九三二年美國頒佈了《證券法》之後，有效地保護了個人投資者免於被經紀人欺詐，靠保證金購買證券的情形才開始逐漸減少。（三）過度的樂觀。這一種原因是三種原因中最根本的，也是無法通過立法所能控制的。

一九二九年發生的股市大崩潰並非投機試圖偽裝成投資，而是投資變成了投機。班傑明．格雷厄姆指出，歷史性的樂觀是難以抑制的，投資者往往容易受股市持續的牛市行情所鼓舞，繼而開始期望一個持久繁榮的投資時代，從而逐漸失去了對股票價值的理性判斷，一味追風。在這種過度樂觀的市場上，股票可以值任何價格，人們根本不考慮什麼數學期望，也正是由於這種極度的不理智，使投資與投機的界限變模糊了。

當人們遭受到股市暴跌帶來的巨大衝擊時，購買股票再一次被認為是投機，人們憎恨甚至詛咒股票投資。只是隨著經濟的復蘇，人們的投資哲學才又因其心理狀態的變化而變化，重拾對股票投資的信心。班傑明．格雷厄姆在一九四九年至一九五一年撰寫《有價證券分析》第三版時，認識到股票已經成為投資者投資組合中的重要組成部分。

## 股票投資方法

在一九二九年股市暴跌後的二十幾年裡，許多學者和投資分析家對股票投資方法進行研究分析。班傑明．格雷厄姆根據自己的多年研究分析，提出了股票投資的三種方法：橫斷法、預期法和安全邊際法。

**一、「橫斷法」相當於現代的指數投資法。**

格雷厄姆認為，應以多元化的投資組合替代個股投資。即投資者平均買下道瓊工業指數所包括的30家公司的等額股份，則獲利將和這30家公司保持一致。

**二、「預期法」又分為「短期投資法」和「成長股投資法」兩種。**

所謂「短期投資法」是指投資者在6個月到1年之內選擇最有獲利前景的公司進行投資，從中賺取利潤。華爾街花費很多精力預測公司的經營業績，包括銷售額、成本、利潤等，但格雷厄姆認為，這種方法的缺點在於公司的銷售和收入是經常變化的，而且短期經營業績預期很容易立即反映到股票價格上，造成股票價格的波動。

而一項投資的價值並不在於它這個月或下個月能掙多少，也不在於下個季度的銷售額會發生怎樣的增長，而是在於它長期內能給投資者帶來什麼樣的回報。很顯然，基於短期資料的決策經常是膚淺和短暫的。但由於華爾街強調業績變動情況與交易量，所以短期投資法成為華爾街比較佔優勢的投資策略。

所謂「成長股投資法」是指投資者以長期的眼光選擇銷售額與利潤增長率均高於一般企業平均水平的公司的股票作為投資對象，以期獲得長期收益。

每一個公司都有所謂的利潤生命週期。在早期發展階段，公司的銷售額加速增長並開始實現利潤；在快速擴張階段，銷售額持續增長，利潤急劇增加；在穩定增長階段，銷售額和利潤的增長速度開始下降；到了最後一個階段——衰退下降階段，銷售額大幅下滑，利潤持續明顯地下降。

格雷厄姆認為，運用成長股投資法的投資者會面臨兩個難題：

(1)是如何判別一家公司處在其生命週期的某個階段。因為公司利潤生命週期的每個階段都是一個時間段，但這些時間段並沒有一個極為明顯的長短界限，這就使投資者很難準確無誤地進行判別。如果投資者選擇一家處於快速擴張階段的公司，他可能會發現該公司的成功只是短暫的，因為該公司經受考驗的時間不長，利潤無法長久維持；如果投資者選擇一家處於穩定增長階段的公司，也許他會發現該公司

已處於穩定增長階段的後期，很快就會進入衰退下降階段，等等。

⑵是如何確定股價是否反映出了公司成長的潛能。投資者選定一家成長型公司的股票準備進行投資，那麼他該以什麼樣的價格購進最為合理？如果在他投資之前，該公司的股票已在大家的推崇下上升到很高的價位，那麼該公司股票是否還具有投資的價值？

在格雷厄姆看來，答案是很難精確確定的。針對這種情況下格雷厄姆進一步指出，如果分析家對於某公司未來的成長持樂觀態度，並考慮將該公司的股票加入投資組合中去，那麼，他有兩種選擇：一種是在整個市場低迷時買入該公司股票；另一種是當該股票的市場價格低於其內在價值時買入。選擇這兩種方式購買股票主要是考慮股票的安全邊際。

但他也同時指出，採用第一種方式進行投資，投資者將會陷於某些困境。首先，在市場低迷時購買股票容易誘導投資者僅以模型或公式去預測股票價格的高低，而忽視了影響股票價格的其他重要因素，最終難以準確預測股票價格走勢。其次，當股市處於平穩價格時期，投資者只能等待市場低迷時期的來臨，而很可能錯過許多投資良機。因此，格雷厄姆建議投資者最好採用第二種方式進行投資。

## 三、安全邊際法。

所謂「安全邊際法」是指投資者通過公司的內在價值的估算，比較其內在價值與公司股票價格之間的差價，當兩者之間的差價達到某一程度時（即安全邊際）就可選擇該公司股票進行投資。很明顯，為了應用安全邊際法進行投資，投資者需要掌握一定的對公司內在價值進行估算的技術。

投資者應拋開整個市場的價格水平，注重對個別股票內在價值的分析，尋找那些價格被市場低估的股票進行投資。而要使這個投資策略有效，投資者就需要掌握一定的方法或技術來判別股票的價值是否被低估了。這就引入一個「安全邊際」的概念，而用來評估某些股票是否值得購買的方法就是安全邊際法。

### **公司內在價值**

格雷厄姆認為，公司的內在價值是由公司的資產、收入、利潤以及任何未來預期收益等因素決定，其中最重要的因素是公司未來的獲利能力。因為這些因素都是可以量化的，因此，一個公司的內在價值可用一個模型加以計量，即用公司的未來預期收益乘以一個適當的資本化因子來估算。這個資本化因子受公司利潤的穩定性、資產、股利政策以及財務狀況穩定性等因素的影響。

格雷厄姆認為，由於內在價值受投資者對公司未來經濟狀況的不精確計算所限制，其結果很容易被一些潛在的未來因素所否定。而銷售額、定價和費用預測的困難也使內在價值的計算更趨複雜。不過這些均不能完全否定安全邊際法，經實證研究發現，安全邊際法可以成功地運用於以下三個區域：

一、是安全邊際法運用於穩定的證券，如債券和優先股等，效果良好；

二、是安全邊際法可用來作比較分析；

三、是安全邊際法可用來選擇股票，特別是公司股價遠遠低於其內在價值時。

格雷厄姆同時指出，內在價值不能被簡單地看作是公司資產總額減去負債總額，即公司的淨資產。因為公司的內在價值除了包括它的淨資產，還包括這些資產所能產生的未來收益。實際上，投資者也無需計算公司內在價值的精確值，只需估算一個大概值，對比公司股票的市場價值，判斷該公司股票是否具有足夠的安全邊際，能否作為投資對象。

格雷厄姆雖然比較強調數量分析，但他並不否定質量分析的重要性。他認為，財務分析並非一門精確的學科。雖針對一些數量因素，包括資產、負債、利潤、股利等進行的量化分析估算公司內在價值所必須的，但有些不易分析的質量因素，如公司的經營能力和公司的性質也是估算公司內在價值所必不可少的。缺少了對這些質量因素的分析，往往會造成估算結果的巨大偏差，以致影響投資者作出正確的投資決策。

但他也對過分強資調量因素分析表示擔憂。他認為，當投資者過分強調那些難以捉摸的質量因素時，潛在的失望便會增加。對質量因素的過度樂觀也使投資者在估算公司內在價值時採用一個更高的資本化因子，這會促使投資者去購買潛在風險很高的證券。

在格雷厄姆看來，公司的內在價值大部分來源於可量化的因素而非質量因素。質量因素在公司的內在價值中只占一小部分。如果公司的內在價值大部分來源於經營能力、企業性質和樂觀的成長率，那麼就幾乎沒有安全邊際可言，只有公司的內在價值大部分來源於可量化的因素，投資人的風險才可被限定。

## 兩個投資原則

班傑明．格雷厄姆認為，作為一個成功的投資者應遵循兩個投資原則：

一、是嚴禁損失，二、是不要忘記第一原則。

根據這兩個投資原則，格雷厄姆提出兩種安全的選股方法。第一種選股方法是以低於公司2/3淨資產價值的價格買入公司股票，第二種方法是購買市盈率低的

公司股票。

當然，這兩種選股方法的前提是這些公司股票必須有一定的安全邊際。格雷厄姆進一步解釋說，以低於公司2/3淨資產的價格買入公司股票，是以股票投資組合而非單一股票為考慮基礎，這類股票在股市低迷時比較常見，而在行情上漲時很少見。由於第一種方法受到很大的條件限制，班傑明·格雷厄姆將其研究重點放在了第二種選股方法上。不過，以低於公司2/3淨資產的價格買入股票和買入市盈率低的股票這兩種方法所挑選出的股票在很多情況下是相互重疊的。

## 安全邊際學說

班傑明·格雷厄姆的安全邊際學說是建立在一些特定的假設基礎上的。他認為，股票之所以出現不合理的價格在很大程度上是由於人類的懼怕和貪婪情緒。極度樂觀時，貪婪使股票價格高於其內在價值，從而形成一個高估的市場；極度悲觀時，懼怕又使股票價格低於其內在價值，進而形成一個低估的市場。投資者正是在缺乏效率市場的修正中獲利。投資者在面對股票市場時必須具有理性。

他提請投資者們不要將注意力放在行情機上，而要放在股票背後的企業身上，因為市場是一種理性和感性的攙雜物，它的表現時常是錯誤的，而投資的秘訣就在於當價格遠遠低於內在價值時投資，等待市場對其錯誤的糾正。市場糾正錯誤之時，便是投資者獲利之時。

## 批駁錯誤認識

班傑明．格雷厄姆在《有價證券分析》一書中，還批駁了一些投資者在股利分配政策上的錯誤認識。一些投資者認為發放股利只不過是將股票的現有價值進行稀釋後所得到的一種幻象，但他認為若公司拒絕發放股利而一味保留盈餘，則這些盈餘一旦被亂用，投資者將毫無利益可言。公司應在保留供其未來發展的資金需求後，將其盈餘以現金股利或以資本公積金轉增資本的方式發放出去，以保證投資者的利益。如果投資者收到現金股利，他既可以自由運用這筆盈餘，又可在他認為公司經營良好時買入該公司股票；如果投資者收到股票股利，他既可以保留股票等著賺取股利，也可選擇售出股票立即兌現。無論哪一種股利政策，都將使投資者擁有更大的靈活度，也更能保證自己所得利益的安全。

## 班傑明．格雷厄姆的投資哲學

尋找價格低於有形資產賬面價值的股票

由於下列原因，需要對賬面價值進行調整。

1．通貨膨脹和使一項資產當前的市場價值並不等於其歷史成本減去折舊。

2．技術進步使某項資產在其折舊期滿或報廢之前就過時貶值了。

3．由於公司的組織能力對各項資產有效的合理組合，公司總體價值會出現1＋1不等於2的結構，可能小或大。

## 班傑明．格雷厄姆的投資原則

1．內在價值：是價值投資的前提。

2．市場波動：要利用市場短期之間經常無效，長期總是有效的弱點，來實現利潤。

3．安全邊際：以四毛的價格買值一元的股票，保留有相當大的折扣，從而類減低風險。

## 班傑明．格雷厄姆的投資策略

尋找廉價股，定量分析為主。

## 班傑明．格雷厄姆的選股標準

——如果一家公司符合以下10項中的7項，那就可以考慮購買了。

1．該公司每股盈利與股價之比（市盈率的倒數）是一般AAA公司債券收益率的2倍。

2．這家公司目前的市盈率應該是過去5年中最高市盈率的2/5。

3．這家公司的股息收益率應該是AAA級公司債券收益率的2/3。

4．這家公司的股價應該低於每股有形資產賬面價值的2/3。

5．這家公司的股價應該低於淨流動資產或是淨速動資產清算價值的2/3。

6．這家公司的總負債應該低於有形資產價值。

7．這家公司的流動比率應該在2以上。

8．這家公司的總負債不超過淨速動清算價值。

9．這家公司的獲利在過去10年來增加了1倍。

10．這家公司的獲利在過去10年中的2年減少不超過5%。

## 班傑明．格雷厄姆的投資原則

在價值投資方面，應根據公司的內在價值進行投資，而不是根據市場的波動來進行投資。股票代表的是公司的部分所有權，而不應該是日常價格變動的證明。股市從短期來看是「投票機」，從長期來看則是「稱重機」。

在買進安全邊際較高的股票時，投資者應該在他願意付出的價格和他估計出的股票價值之間保持一個較大的差價。這個差價被稱為安全邊際，安全邊際越大，投資的風險越低，預期收益越大。

## 班傑明・格雷厄姆的建議：分散投資

投資組合應該採取多元化原則。投資者通常應該建立一個廣泛的投資組合，把他的投資分佈在各個行業的多家公司中，其中包括投資國債，從而減少風險。

利用平均成本法進行有規律的投資

投資固定數額的現金，並保持有規律的投資間隔，即平均成本法。這樣，當價格較低時，投資者可以買進較多的股票和基金；當價格較高時，就少買一些。暫時的價格下跌提供了獲利空間，最終賣掉股票時所得會高於平均成本；也包括定期的分紅再投資。

## 內在價值法則

班傑明・格雷厄姆寫《有價證券分析》的時期，正是市場低潮，1/3的美國工業都在以低於清算價值的價格出售，許多公司的股價比它們銀行賬戶上的現金價值還低，那些把華爾街當做是個有無數牛奶和蜂蜜的樂園的專家們，又建議說：「這樣的股票壓根不是投資！」這時，有位叫洛布的評論家寫了本暢銷書《投資生存大戰》，他認為「沒有人真的這時知道什麼是真正的價值」，真正要看重的不是企業的盈利情況，而是一種公眾心理，他強調要「充分考慮人們的普遍情緒、希望和觀點的重點性——以及它們對於證券價格的影響」，「股票投機主要就是A試圖判斷B、C、D會怎麼想，而B、C、D反過來也做著同樣的判斷。」這些看似有理的觀點實際上並不能幫投資者解決什麼問題，甚至是給投資者又設下了一個心理陷阱。

《有價證券分析》給出了逃脫這個陷阱的方法。格雷厄姆極力主張，投資者的注意力不要放在行情機上，而要放在股權證明背後的企業身上.通過注意企業的盈利情況、資產情況、未來前景等諸如此類的因素，投資者可以對公司獨立於市場價格的「內在價值」形成一個概念，並依據這個概念作出自己的投資判斷.

格雷厄姆認為，市場並非一個能精確衡量價值的「稱重計」。相反，它是一個「投票機」，不計其數的人所作出的決定是一種理性和感情的混合物，很多時候，這些抉擇和理性的價值評判相去甚遠。投資的秘訣就在於當股票價格遠遠低於內在

價值時投資，並且相信市場趨勢會回升。

格雷厄姆像生物學家解剖青蛙那樣分析著普通股股票、公司債券，總企圖尋找那些便宜得幾乎沒有風險的公司，在當時的投機氣氛中顯得十分怪異，他提出的「內在價值」投資理論在當時也稱得上完全是個創新。

洛布的投機者把股票看作一張薄紙，他的目標只是對下一個接手的人的期望，然後再下一個人。而格雷厄姆和他的合夥人則把股票看作企業的份額，它的價值始終應和企業的價值相呼應。格雷厄姆曾十分迷惑地說：「讓人難以置信的是，華爾街從未問過這樣的問題：『這個企業售價多高？』」

## 班傑明．格雷厄姆的安全邊際法則

在解決了投資的價值標準後，那麼剩下沒有解決的一個麻煩問題是，如果按照「內在價值」標準買進一種便宜的股票後，它變得更便宜了，該怎麼辦？格雷厄姆承認，如果有時市場價格定錯了，它們得經過「很長一段困擾人心的時間」才能調整過來。那麼，在購買股票時，還需要保持一個「安全邊際」。只要有足夠的「安全邊際」，投資者就應該是很安全的。

什麼是「安全邊際」呢？格雷厄姆解釋說，投資者應該在他願意付出的價格和他估計出的股票價值之間保持一個差價：一個較大的差價。這同留些餘地給駕駛汽車中可能出現的偏差是一個道理。如果餘度（車距）留得足夠大，即有足夠的「安全邊際」，那麼他就擁有基礎的優勢，不論形勢有多麼的嚴峻，只要有信心和耐心，必然會有可觀的投資收穫。

## 如何正確認識證券市場

一九三六年，承接他的《有價證券分析》，格雷厄姆又出版了他的第二本著作《財務報表解讀》。財務報表是揭示公司財務信息的主要手段，有關公司的財務狀況、經營業績和現金流量都是通過財務報表來提供的。如何通過對財務報表的分析來評價公司財務狀況、未來收益等對投資者進行證券買賣決策及規避投資風險具有極為重要的意義。他試圖通過該書引導投資者如何準確、有效地閱讀公司的財務報表。正確地解讀公司的財務報表將使投資者更好地理解他的價值投資法。

格雷厄姆認為股票價格低於其內在價值時買入，高於其內在價值時賣出。而要想準確地判斷公司的內在價值就必須從公司的財務報表入手，對公司的資產、負債、周轉金、收入、利潤以及投資回報率淨利銷售比、銷售增加率等進行分析。《財務報表解讀》有助於普通投資者更好地把握投資對象的財務狀況和經營成果。

繼《財務報表解讀》之後，格雷厄姆又於一九四二年推出了他的又一部引起很大反響的力作《聰明的投資人》。

班傑明．格雷厄姆在《聰明的投資人》一書中再一次清楚地指出投資與投機的本質區別：投資是建立在敏銳與數量分析的基礎上，而投機則是建立在突發的念頭或是臆測之上。

兩者的關鍵在於對股價的看法不同，投資者尋求合理的價格購買股票，而投機者試圖在股價的漲跌中獲利。作為聰明的投資者應該充分瞭解這一點。其實，投資者最大的敵人不是股票市場而是他自己。如果投資者在投資時無法掌握自己的情緒，只一味受到市場情緒所左右，即使他具有高超的分析能力，也很難獲得較大的投資收益。

對此，格雷厄姆曾講述了兩則關於股市的寓言進行形象的解說「市場先生」，借此來說明時時預測股市波動的愚蠢。

> 假設你和「市場先生」是一家私營企業的合夥人。每天，「市場先生」都會報出一個價格，提出他願以此價格從你手中買入一些股票或將他手中的股票賣給你一些。儘管你所持有股票的合夥企業具有穩定的經濟特性，但「市場先

生」的情緒和報價卻並不穩定。

有些日子，「市場先生」情緒高漲，只看到眼前光明一片，這時他會給合夥企業的股票報出很高的價格；另外一些日子，「市場先生」情緒低落，只看到眼前困難重重，這時他會給合夥企業的股票報出很低的價格。

此外，「市場先生」還有一個可愛的特點，就是他從不介意被冷落。如果「市場先生」今天所提的報價無人理睬，那麼他明天還會再來，並且帶來他的新報價。

格雷厄姆告誡投資者，處於這種特定的環境中，必須要保持良好的判斷力和控制力，與「市場先生」保持一定的距離。當「市場先生」的報價有道理時，投資者可以利用他；如果他的表現不正常，投資者可以忽視他或利用他，絕不能被他控制，否則後果不堪設想。

為了說明投資者的盲目投資行為，他還講了另一則寓言「旅鼠投資」。

當一位石油勘探者準備進入天堂的時候，聖·彼得攔住了他，並告訴了他一個非常糟糕的消息：「你雖然的確有資格進入天堂，但分配給石油業者居住

的地方已經爆滿了，我無法把你安插進去。」

這位石油勘探者聽完，想了一會兒後，就對聖．彼得提出一個請求：「我能否進去跟那些住在天堂裡的人們講一句話？」

聖．彼得同意了他的請求。

於是，這位石油勘探者就對著天堂裡的一大票人大喊：「在地獄裡發現石油了！」話音剛落，天堂裡所有的人都蜂擁著跑向地獄。聖．彼得看到這種情況非常吃驚！於是，他請這位石油勘探者進入天堂居住。但這位石油勘探者遲疑了一會說：「不，我想我還是跟那些人一起到地獄裡去吧。」

格雷厄姆通過這則寓言，告誡投資者切忌盲目跟風。證券市場上經常發生的一些劇烈變動很多情況下是由於投資者的盲目跟風行為，而非公司本身收益變動的影響。一旦股市上有傳言出現，許多投資者在傳言未經證實之前就已快速而盲目地依據這些傳言買入或賣出股票，跟風蓋過了理性思考，這一方面造成股價的劇烈波動，另一方面常常造成這些投資者的業績表現平平。

令格雷厄姆感到非常費解的是華爾街上的投資專業人士儘管大多都受過良好的教育並擁有豐富的投資經驗，但他們卻無法在市場上凝聚成一股更加理性的力量，而是像旅鼠一樣，更多地受到市場情緒的左右，拼命在不停地追逐市場的形勢。他認為這對於一個合格的投資者而言是極為不足取的。

由於一個公司的股價一般都是由其業績和財務狀況來支撐的，因此投資者在投資前要判斷一家公司股票的未來走勢，其中很重要的一點就是需要準確衡量公司的績效。格雷厄姆以Erneq航空公司等以E開頭的公司為例，介紹了衡量公司績效的六種基本因素：收益性、穩定性、成長性、財務狀況、股利以及歷史價格等。

衡量一家公司收益性好壞的指標有很多種，如每股淨收益可以直接體現公司獲利程度的高低，投資報酬率可以考察公司全部資產的獲利能力等，但格雷厄姆比較偏愛用銷售利潤率作為衡量公司收益性的指標，因為該指標不僅可以衡量公司產品銷售收入的獲利能力，而且可以衡量公司對銷售過程成本和費用的控制能力。公司產品銷售過程的成本和費用越低，公司銷售收入的獲利能力就越大。由於公司的大部分收入一般來源於主營業務收入，即產品銷售收入，因此，通過銷售利潤率可以判斷出一家公司的發展狀況。

衡量一家公司的盈利是否穩定，格雷厄姆認為，可以10年為一期間，描繪出每股盈餘的變動趨勢，然後拿該公司3年內的每股盈餘與其變動趨勢作一比較，若每股盈餘的水平是穩定上升的，則表示該公司的盈利水平保持了100％的穩定。否則，

在大起大落的背後一定有某些隱含的市場原因、產品問題或者偶然因素，它們有可能對今後的盈利構成某種程度的威脅。這一指標對於發展中的小型企業尤其重要。

衡量每股盈餘的成長性一般採用盈餘增長率這一指標。盈餘增長率是一家公司在3年內每股盈餘的年平均增長率，它既能反映出公司的生存能力、管理水平、競爭實力、發展速度，又可以刻畫出公司從小變大、由弱變強的歷史足跡。格雷厄姆認為，這一指標對於衡量小型公司的成長性至關重要。

公司的財務狀況決定其償債能力，它可以衡量出公司財務的靈活性和風險性。如果公司適度負債且投資報酬率高於利息率時，無疑對公司股東是有利的，但如果舉債過度，公司就可能發生財務困難，甚至破產，這將給投資者帶來極大的風險。衡量公司是否具有足夠的償債能力，可以通過流動比率、速動比率、資產負債率等指標來考察，如流動比率為2，速動比率為1時通常被認為是合理的。

至於股利，格雷厄姆認為，公司的股利發放不要中止，當然發放的年限愈長愈好。假如股利發放是採用固定的盈餘比率，就更好不過了，因為這顯示了該公司生機勃勃，在不斷地平穩成長。同時，股利的發放也更增添了股票的吸引力和凝聚力。投資者應儘量避免那些以往三年中曾有兩年停發或降低股息的股票。

股票的歷史價格雖不是衡量企業績效的關鍵因素，但它可以從一個側面反映公司的經營狀況和業績好壞。股票價格就好比公司業績的一個晴雨錶，公司業績表現比較好時，公司股票價格會在投資者的推崇下而走高；公司業績表現不理想時，公司股票價格會在投資者的拋棄下而走低。當某一種股票定期地因為某些理由下降或因一頭熱而下跌時，這無疑是告訴投資人，該公司的價格的長期走勢可以靠著明察而予以判斷。

## 班傑明．格雷厄姆給投資者的忠告

班傑明．格雷厄姆經常扮演著先知的角色，為了避免投資者陷入投資誤區，格雷厄姆在他的著作及演說中不斷地向投資者提出下列忠告：

### 1．做真正的投資者

格雷厄姆認為，雖然投機行為在證券市場上有它一定的定位，但由於投機者僅僅為了尋求利潤而不注重對股票內在價值的分析，往往容易受到「市場先生」的左右，陷入盲目投資的誤區，股市一旦發生大的波動常常使他們陷於血本無歸的境地。而謹慎的投資者只在充分研究的基礎上才做出投資決策，所冒風險要少得多，而且可以獲得穩定的收益。

## 2．規避風險

一般人認為在股市中利潤與風險始終是成正比的，而在班傑明．格雷厄姆看來，這是一種誤解。

格雷厄姆認為，通過最大限度的降低風險而獲得利潤，甚至是無風險而獲利，這在實質上是高利潤；在低風險的策略下獲取高利潤也並非沒有可能；高風險與高利潤並沒有直接的聯繫，往往是投資者冒了很大的風險，而收穫的卻只是風險本身，即慘遭虧損，甚至血本無歸。投資者不能靠莽撞投資，而應學會理智投資，時刻注意對投資風險的規避。

## 3．以懷疑的態度去瞭解企業

一家公司的股價在其未來業績的帶動下不斷向上攀升，投資者切忌盲目追漲，而應以懷疑的態度去瞭解這家公司的真實狀況。因為即使是採取最嚴格的會計準則，短期內盈餘也可能是會計師所偽造的。而且公司採用不同的會計政策對公司核算出來的業績也會造成很大差異。投資者應注意仔細分析這些新產生的業績增長是真正意義上的增長，還是由於所採用的會計政策帶來的，特別是對會計報告的附住內容更要多加留意。任何不正確的預期都會歪曲企業的面貌，投資者必須盡可能準確地做出評估，並且密切注意其後續發展。

### 4．想想品質方面的問題

如果一家公司營運不錯，負債率低，資本收益率高，而且股利已連續發放了一些年，那麼，這家公司應該是投資者理想的投資對象。只要投資者以合理的價格購買該類公司股票，投資者就不會犯錯。格雷厄姆同時提醒投資者，不要因所持有的股票暫時表現不佳就急於拋棄它，而應對其保持足夠的耐心，最終將會獲得豐厚的回報。

### 5．規劃良好的投資組合

格雷厄姆認為，投資者應合理規劃手中的投資組合？5％的債券或與債券等值的投資和25％的股票投資，另外50％的資金可視股票和債券的價格變化而靈活分配其比重。當股票的盈利率高於債券時，投資者可多購買一些股票；當股票的盈利率低於債券時，投資者則應多購買債券。當然，格雷厄姆也特別提醒投資者，使用上述規則只有在股市牛市時才有效。一旦股市陷入熊市時，投資者必須當機立斷賣掉手中所持有的大部分股票和債券，而僅保持25％的股票或債券。這25％的股票和債

券是為了以後股市發生轉向時所預留的準備。

### 6．關注公司股利政策

投資者在關注公司業績的同時，還必須關注該公司的股利政策。一家公司的股利政策既體現了它的風險，又是支撐股票價格的一個重要因素。如果一家公司堅持了長期的股利支付政策，這表示該公司具有良好的「體質」及有限的風險。而且相比較來說，實行高股利政策的公司通常會以較高的價格出售，而實行低股利政策的公司通常只會以較低的價格出售。投資者應將公司的勝利政策作為衡量投資的一個重要標準。

# 3．世界級短線殺手：邁克爾．斯坦哈特

一九四〇年，邁克爾．斯坦哈特出生於紐約布魯克林區的一個珠寶商家庭。

13歲那年，他的父親給了他100股迪克西水泥公司的股票和100股哥倫比亞天然氣股票作為成人儀式的禮物。

一九六〇年，畢業後的斯坦哈特的第一份工作是在凱文布洛克共同基金從事證券研究。24歲時，斯坦哈特開始了他的分析師生涯。在隨後的三年中，他憑藉明智的判斷和出色的業績，一度成為華爾街最紅的分析師。

一九六七年7月10日，邁克爾．斯坦哈特與霍華德．博考維奇和羅爾德．范一起成立了斯坦哈特．范．博考維奇公司。這家小公司只有8名雇員和770萬美元資本金，而他們所要做的卻是需要調集盡可能多的資金的對沖基金業務。

斯坦哈特．范．博考維奇公司第一年就盈利31％，第二年的盈利竟然是爆炸性的99％。而同期的標準普爾指數的漲幅則分別是6.5％和9.3％。到第三年結束的時

候，斯坦哈特．范．博考維奇公司就擁有了三千萬美元的資金。這個驚人的發展速度和盈利率在當時的對沖基金裡只能被稱為「奇蹟」。

邁克爾．斯坦哈特喜歡強調他的對沖基金所能給投資人的絕對正回報，對於他來說，唯一重要的是賬本底線。確保投資人的資金安全、為投資人獲取最大的投資收益恰是每一個交易員應該努力做到的。

在邁克爾．斯坦哈特看來，市場的逆轉會不時地把選到的最優秀的股票的表現抹煞大半，10％、15％的收益積累起來要比囤積股票待漲要可靠得多。

基於此，邁克爾．斯坦哈特一改一九六七年公司剛成立時長線持有頭寸等待升值的做法，他覺得這種所謂的長期投資的收益是比較虛無的，等到長期投資的股票賺到錢以後，短線上獲利的金錢已經堆在那裡一年了。

邁克爾．斯坦哈特對方向性的判斷異常的準確，這使得他很適合做短線，事實上他也確實喜歡並真的那麼做了。斯坦哈特為了能在第一時間獲得有價值的信息，他每年至少要花上幾百萬美元用於購買華爾街上所有的資料。儘管他喜歡並擅長做短線，但是他也沒有因此而將短線作為他唯一的金融工具。在具體操作層面上，他認為首先要努力看清市場的整體走向，然後尋找符合條件的股票或者其他金融工具來構建自己的投資組合。

雖然，對沖基金的一個顯著特點是打破華爾街的傳統模式，但是，斯坦哈特還是很看重傳統性的基本面分析，這個基本面的分析包括海量的數據和複雜的運算，這得益於他在數學（主要是概率論）方面的優異表現。對損益表的關注，使得斯坦哈特的管理風格顯得激進，這一點是他做對沖基金必不可少的元素。斯坦哈特有著每天都有贏的迫切要求，如果沒有贏的話，他會像遇到了災難一樣難過。這源於他對業績的不滿足。

一九七〇年，斯坦哈特・范・博考維奇公司成立了第一家海外基金。在這一年，美國股市遭遇崩盤。斯坦哈特基金一改過去做多，掉過頭開始做空。邁克爾・斯坦哈特有意識地強調掌握更多信息、更深入地瞭解局勢、理解市場的真正預期，用不同的觀點進行分析，把不同的觀點定義為持有以事實為依據的、明顯不同於市場普遍觀點的看法。

「漂亮50」是20世紀70年代初的熱門股票。人們對於持有「漂亮50」異常樂觀。一九七二年秋，道瓊指數第一次站上一千點，斯坦哈特卻逆市而動，在幾個月以後指數見頂前，他早已經賣出了絕大多數的多頭頭寸，再一次淨做空。一九七三年，道瓊指數持平，斯坦哈特的對沖基金盈利15%。一九七四年，市場下跌38%，對沖基金盈利34%。

邁克爾．斯坦哈特談到成功的秘訣時說——

「勇氣比知識更重要，時機比方向更重要。」

在某種意義上說，他所做的事情是與多數投資常理相悖的。做空「漂亮50」絕對是反向投資的觀念，這無疑需要極大的勇氣。

邁克爾．斯坦哈特坦言他們的成功大多受益於嚴格使用這一方法，在市場快要到頂的時候面對多頭勢力的狂熱做空，在市場底部的極度悲觀中做多。

「不快則敗——如果你對變化的反應不夠快，哪怕是一點點的變化，你就可能失敗。」斯坦哈特如是說。

一九八七年，受股市大崩潰的影響，斯坦哈特對沖基金的收益降至4%，不過到一九八八年該基金的盈利又達到了48%，一九八八年和一九八九年兩年都有20%的回報。

一九九三年，斯坦哈特開始買入IBM的股票。華爾街大多數分析師都認為IBM一直沒有能從一九八七年的大崩潰中緩過勁來，已經失去了市場競爭力。然而，斯坦哈特卻持不同觀點，儘管他不懂電腦技術面，但他還是費盡力氣去理解複雜的電腦業務。

根據對資料的分析和對前景的判斷，斯坦哈特認為，隨著IBM不斷注銷大量的壞賬，加上它的整體競爭優勢，恢復到從前的水平應該是不可避免的一個結果。於是，斯坦哈特在IBM股票走勢低迷的情況下購進了700萬股。六個月之後，這筆投資給斯坦哈特帶來了30%的收益。

從一九九一年到一九九三年，斯坦哈特對沖基金通過債券業務保持了連續三年收益率在60%左右的驚人業績。

20世紀90年代早期，斯坦哈特對沖基金的資本金增長驚人，投資的每一產品都有出色表現。斯坦哈特開始尋求全球範圍的擴張。

一九九三年，得益於運用槓杆大量買入的歐洲證券，斯坦哈特對沖基金實現了超過60%的收益。

但到一九九三年年底，美國經濟快速增長，美聯儲調高短期利率，0.25個百分點的加息讓邁克爾．斯坦哈特和其他的槓桿債券玩家措手不及。

同時，在歐洲，人們因為擔心德國央行會停止當前寬鬆的貸款政策，開始拋售手中的債券。歐洲債券因為流動性枯竭而暴跌，對斯坦哈特基金來說，這是一個出其不意的打擊。加上他所持有的一些其他的新興市場的債券的崩潰，斯坦哈特開始真正感受到挫折的滋味。與此同時，他的公司被指控參與壟斷2年期美國國債市

場。一九九四年，由於涉足國外債券和國債醜聞，斯坦哈特對沖基金虧損了31%。

痛定思痛，邁克爾・斯坦哈特反省了自己之所以沒有能保持不敗業績的原因，他意識到正是自己的能力所擁有的無止境的信心導致了對自己的能力的極限在何處缺乏足夠的認識，他意識到自己認為能夠征服全球的大部分市場是缺乏足夠的依據的，而全球債券市場是一個相對較新的金融媒介，進入毫無優勢可言的市場、不能獲得充足的信息流是最直接的原因。

「我不可避免地感覺到，我人生的每一份價值都依賴於持續掙錢的能力。當我賠錢的時候我還有價值嗎？」反思後的邁克爾・斯坦哈特在他55歲那年迎來了自己隱退前的最後一次輝煌：一九九五年9月，基金盈利22%，到了年底，已經達到26%。這樣的業績為邁克爾・斯坦哈特的隱退提供了條件。同時，他也已經挽回了一九九四年的大部分損失。

一九九五年10月，邁克爾・斯坦哈特帶著榮耀退出了華爾街。

一家紐約報紙這樣寫到：「邁克爾・斯坦哈特昨天意外地告別華爾街，給金融世紀裡最閃亮的一段職業生涯劃上了句號。」

觀察家們在他退休後所給予的評論中，有這樣一段話——

他是一位白手起家的億萬富翁，在一九六七年就開了一家以自己名字命名的投資管理公司，28年後，他關閉了26億美元的合夥投資基金，全身而退並投身於公益慈善事業。他就是大名鼎鼎的邁克爾·斯坦哈特，被譽為全球避險基金教父、世界級短線殺手，也是華爾街歷史上最成功的基金經理人之一。

# 4・約翰・內夫：人們稱我為市盈率鼻祖

如果你要問在美國金融界，那些忙碌的專家們會選哪一位資金管理人來管理他們的錢？他們可能給你的是同一個答案：約翰・內夫。

沒錯，就是約翰・內夫。這個來自賓夕法尼亞州的理財專家在非金融界幾乎是沒有什麼人知道他的名字，更不知道他在美國金融界會是如此地有名。

約翰・內夫：市盈率鼻祖、價值發現者、偉大的低本益型基金經理人。

之所以在投資界以外不為人所知的原因是，他處世低調到盡可能不引人注目。如果你在華爾街見到他，你很難將他與一個在華爾街如此有名，在美國金融界如此舉足輕重的人聯繫到一起，因為，他的行為舉止實在和華爾街的顯赫人物距離太遠了，他更像是美國中西部地區的一個普通官員。一座離市中心不遠的住宅、一個30多歲的妻子、平價甚至有些凌亂的衣著就是約翰・內夫的生活的全部了。

如果你得到許可進入他的辦公室，你可要有心理準備，因為他的辦公室與其說是辦公室還不如說是一間雜亂無章的大學生宿舍。而與其他的金融界鉅子相比，他更顯得另類，另類到他甚至是從不關心報紙，如果你要跟他談小道消息了，那你多半會發現你的聽眾根本就沒興趣聽。

但是，他確實是美國最負盛名的金融界人物，實際上，根據幾個相關的民意測驗所得的資訊，就是這個你無法將他與基金經理人聯繫到一起的約翰・內夫，恰恰就是那些資金管理人們首選的管理自己的錢的基金管理人。

約翰・內夫出生於一九三一年的美國的俄亥俄州，一九三四年父母離婚後，他的母親改嫁給一位石油企業家，隨後全家一直在密西根州漂泊，最終一家人還是選擇德克薩斯州定居了。

與其他美國孩子一樣，約翰・內夫讀高中的時候也是勤工儉學的。他和後來的比爾・蓋茨們一樣對學習缺乏足夠的興趣，所以，他的學業也確實沒有什麼值得驕傲的，而他和同學關係相處的也不是很融洽。高中畢業後，他進入一家生產點唱機的工廠工作。當然，這不是他唯一一份工作。而他的親生父親當時正從事汽車和工業設備供應行業希望他能參與到他的生意管理當中去。

約翰・內夫無法拒絕他的父親的邀請，而事實上那段段經歷對約翰・內夫的價值是巨大的。他的父親經常提醒他要特別注意他所支付的價格，他父親的口頭禪是「買得好才能賣得好」。當他的年齡到了該服兵役的時候，他加入了海軍。

兩年後，約翰．內夫退役。他決定繼續他之前不在意的學業，於是，他進入Toledo大學主修工業營銷，在他所讀到課程中的公司財務和投資引起了他的興趣，他認為他終於找到了他真正想學到內容和以後事業的方向。當時Toledo金融系的主管是Sidney Robbins，Sidney Robbin是一個才華橫溢的投資系學生，同時也是他對格雷厄姆的著作《證券分析》作了重要的修訂。最初約翰．內夫學習投資理論，後來，他意識到自己之前所學到的知識的匱乏，他在白天在大學讀書的同時，晚上則去夜校學習並最終獲得了銀行業和金融業的碩士學位。

一九五四年聖誕節期間，約翰．內夫來到紐約想要尋找一份股票經紀人的工作，但是由於他的聲音不夠響亮，加上他之前並沒有金融方面的工作經驗，也沒有名人的推薦信，對於金融界來說，他根本就是外來的無名氏。不過，還是有人建議他嘗試去做證券分析師。

而那時的約翰．內夫已經不是單身，他的妻子並不喜歡紐約。所以，他決定先按建議去做證券分析師，他在Chevland 國家城市銀行獲得了這個職位，而且與之前不同的是，約翰．內夫做這份工作長達八年又六個月之久。當然，這八年又六個月裡，約翰．內夫可不是「一張報紙一杯茶一包煙」神聊到下班，基於他作為證券分析師而對銀行所做出的的貢獻，他得到了提升成為了Chevland 國家城市銀行信託部的研究主管。

成為主管的證券分析師約翰·內夫當時所持的一個觀點是他的同事們及上司們所不喜歡的。他的觀點就是「最好的投資對象就是那些當時最不被看好的股票」，他的這個觀點和支持該觀點的理論與信託部的委員喜歡大公司的股票並會因此而讓購買這類股票的客戶安心的安全理論南轅北轍。信託部的委員認為購買大公司的股票即便不賺錢但也不賠錢，而交易費用卻能一分不少地進入銀行。雙方的分歧完全無法找到交叉點。

約翰·內夫的離開自然也就沒有什麼懸念了。

他的導師Art Boanas是個徹頭徹尾的根基理論者。Art Boanas認為，投資成功的秘訣就是要比其他的人看得遠，且印證你的觀點。一旦你下定決心，就堅持下去，要有耐心。Art Boanas的這種投資風格後來也成為了約翰·內夫的風格。

一九六三年，約翰·內夫離開Chevland銀行轉而進入費城威靈頓基金管理公司（Wellington Management Company）。

一九六四年，他成為了六年前成立的先鋒溫莎基金（Vanguard Windsor Fund）的投資組合經理人。當時的溫莎基金，約翰·內夫共有四個合作夥伴，由chuck Freeman 領導，chuck Freeman和約翰·內夫一起共事了20多年。先鋒溫莎基金採用的是提成報酬制，也就是說如果溫莎基金的業績良好，約翰．內夫和他的合作者就可以得到較多的報酬。

也許是他當年作為工人的經歷和從軍的經歷使然，約翰．內夫的私生活與他要買進的股票一樣毫不引人注目。他的住宅裡除了一個網球場就再沒有別的什麼華麗的裝飾了，約翰．內夫總喜歡說他買的設施或衣服有多便宜。他說他的鞋襪都是在LOU的鞋類大集市購買而夾克是在一家打折店購買，他的女兒要買部車子，他把價格研究了半天後把女兒打發回去要求車商給予五百美元的折扣。他常常坐在一把搖搖晃晃的椅子上辦公，經常是簡潔明瞭地結束電話談話。有些時候他節儉的行為方式也會製造出投資機會。

有一次，約翰．內夫研究一家叫做布林頓的大衣倉儲公司。他就拜託他的妻子和女兒去採購連鎖折扣店之一的衣服樣品。她們竟一次帶回來三件大衣，同時還強烈建議他買進這家公司的股票。約翰．內夫接受了她們的建議，後來這筆投資替他獲得了五百萬美元的收益。

幾乎又是同樣的方式，當福特公司推出新款汽車TAUTAS時，他又請妻子和女兒如法炮製一番，當然，這次他的妻子和女兒並沒有買回三輛車子。但是，她們的建議與之前並無區別，而約翰．內夫經過研究之後確實也對這款汽車和這家公司產生了極大的興趣。

他後來解釋說他之所以投資福特是因為這家公司沒有債務問題困擾，實際上福特汽車確實不存在債務，該公司的現金流和資金運作到目前為止，也是全球汽車行業中唯一不在乎經濟危機的汽車企業。而當時福特公司的90億美元現金使得約翰·內夫只能得出福特公司的管理和GM（通用汽車）的差別根本就是天壤之別。

約翰·內夫所得到的資訊顯示：當時的通用汽車的管理者是驕傲的，而福特公司的管理者更像家人，福特公司知道如何節約成本和避免管理層有高高在上的錯覺。正如他所瞭解到情況一樣：福特公司的管理者和流水線員工是在一張餐桌吃飯的，他們所使用的餐廳和廚師都是同一個，飯菜也是一樣的，這就意味著福特公司的管理層能清楚地知道自己的員工在想什麼。福特公司的生產線員工一年可以得到他們應該得到的數萬美元的獎金，而通用公司的生產線工人則什麼也沒有。

所有的信息都支持了約翰·內夫的購買計劃。於是，他在一九八四年時大量買進福特的股票，而就在那一年，因為日本汽車低價攻入美國汽車市場導致了人們對美國汽車製造業的失望進而使得福特汽車的股價下跌到每股12美元。約翰·內夫在那一年裡以低於14美元的平均價格購進了一千兩百三十萬美元的汽車股。三年後，這些股價上升到了50美元，僅此一項就給溫莎基金帶來5億美元的收益。

一九八〇年，賓西法尼亞大學請求約翰．內夫管理該校的捐贈基金。因為該基金的收入狀況在過去的幾十年中已經成為94所大學基金中最差的一所。考慮之後，約翰．內夫接受了這一請求。在約翰．內夫用他一貫的方式重新組建了該基金的投資組合：購買低調的、不受歡迎的但非常便宜的公司股票。並不是每一個委託人都歡迎他的這一方式，其中的一些受託人表示了反對意見同時敦促他買進當時看來非常令人興奮的公司的股票。而委託人的這種偏好，恰是這個基金會過去幾十年來表現距離良好甚遠的根本原因。

約翰．內夫對這些反對和敦促根本不在乎，他堅持按自己的方式管理已經委託給他的基金。事實證明他是對的。在約翰．內夫管理下，賓西法尼亞大學的基金在之後的幾十年裡已步入了美國所有大學基金的前5名。

約翰．內夫每星期工作60到70個小時，包括每個週末工作15個小時。辦公室他集中精神不允許任何打擾，而且對他的員工近乎苛刻。當他認為工作沒做好時非常嚴厲甚至有些粗暴。而另一方面，他也給予員工充分的自由對他們喜歡的項目參與他的決策過程。約翰．內夫是一位出色的證券分析師，雖然近年來他很少去公司，但最起碼要和公司員工進行交談。他現在有一個分析團隊為他工作，但當出現新股時，他還是很有可能領導這一項目。當他和他的團隊完成工作後，他們必須收集所有他需要的信息。

在將近35年的工作經歷中，約翰．內夫已經買進或研究了大部分他認為值得購買的公司股票。換句話說，他所面對的問題是如何更新他的知識而不是從零開始。他緊緊盯住那些股市中不受歡迎的行業集團。他對那些本益比非常低而通常收益率又很高的公司股票很感興趣。實際上，約翰．內夫經營溫莎基金這麼多年來，投資組合的平均本益比是整個股市的1/3，而平均收益率為2%或更多。

約翰．內夫把自己描繪成一個「低本益比獵手」。然而，和班傑明．格雷厄姆不同的是，他考慮的是公司根本性質。他需要是股價低的好公司。

約翰．內夫非常重視「價值投資」，他喜歡購買某一時刻股價非常低，表現極差的股票。而且他總會在股價過高走勢太強時準確無誤地拋出股票。在低迷時買進，在過分超出正常價格時賣出。他是一個典型的逆向行動者。他和同類人之間的區別就在於他能始終處於收入狀態。約翰．內夫宣稱股市的價格往往過分超出真正的增長。但成長股有兩大要注意的地方：

一是它的死亡率過高，即人們認識到它的增長後決不會維持太久；另一個是一些收益較高但股價增長較緩的公司股票可以讓你獲得更好的總回報。

約翰．內夫管理溫莎基金（Winsdor Fund）長達34年，一九九八年該基金的年複合收益率為14.3%，而標普只有9.4%。在過去的30多年中，他同時也是格迷尼基金（Gemini Fund）的管理人，該基金的增長率幾乎也是股市價格增長率的兩倍。溫莎基金本身在數年內達到數十億美元，到一九八八年上升到59億美元，是為當時最大的收益型股票基金。一九九五年，約翰．內夫卸下基金經理人之時，該基金管理資產達110億美元。

## 約翰．內夫的選股標準

1．健康的資產負債表
2．令人滿意的現金流
3．高於平均水平的股票收益
4．優秀的管理者
5．持續增長的美好前景
6．頗具吸引力的產品或服務
7．一個具有經營餘地的強勁市場最後一條是最為有趣的一點。

他宣稱投資者往往傾向於把錢花在高增長的公司，但公司股票並沒有繼續增長並不是公司本身經營出了什麼問題，而是公司股價已沒有了增長的餘地。因此，他買進的股票增長率一般為8%。

## 約翰・內夫低本益比投資法

約翰・內夫的投資哲學，偏重價值投資法，他形容自己是「低本益比的射手」選股方式堅持以下的基本條件：

1・良好的資產負債表
2・令人滿意的現金流量
3・股東權益報酬率高出市場平均值
4・有能力的管理階層
5・要有滿意的長期成長遠景
6・有一項以上極具吸引力的產品或服務
7・有強大的市場活動空間以基本條件選出股票之後，則以投資報酬率的一半為買進時本益比的標準。

由於約翰・內夫的選股程序中只有1・3項是由客觀的統計數字組成，4・6項則依投資者個人的瞭解主觀判斷，本系統提供以下程序：

**一、選股標準：**

負債比例小於樣本平均值

速動比例大於市場平均值

每股現金流量大於市場平均值

股東權益報酬率大於市場平均值

**二、買進標準：本益比**

約翰．內夫低知名度成長股選股法則

約翰．內夫在管理先鋒溫莎基金時，獨創衡量式參與（Measured Participation）的投資思考程序，因此，在選股方法上，不同類型的股票，有不同的篩選標準，本模型是針對「低知名度成長股」的標準。

1．預估成長率為12到20％。

2．本益比為個位數，達盈餘的6至9倍。

3．在明確的成長領域中，居主宰或舉足輕重的地位。

4．容易瞭解的行業。

5．歷史盈餘成長記錄完美，達兩位數。

6．股東權益報酬率突出

7．資本雄厚、純益高、機構投資人會考慮投資。

8．大部分情況中，收益率為2至3.5％。

9．華爾街上有人注意，但此點不見得必要。

由於約翰．內夫的選股標準，其中一部份牽涉主觀判斷，本系統只選取可以數量化比較的部份做為選股標準。

一、選股標準：

過去5年平均盈餘成長率＞10％。

最近四季股東權益報酬率＞市場平均值。

最近四季純益率＞市場平均值。

預估盈餘成長率在12％至50％之間。

最近一期股息收益率低於3.5％。

預估本益比小於10倍。

二、數據使用限制：

因約翰．內夫部份選股標準在使用時可能有所限制，因此，本系統將部分標準的常數項改為可變量，會員可更改變量之值，以利選股作業之進行。

本選股條件極為嚴格，原選股標準中預估盈餘成長率介於12％至20％；經本系統觀察長期以來之資料，將此預估值修改為12％至50％，以符合國內股特性。

## 約翰．內夫分析上市公司

前面提過，約翰．內夫曾有這樣一個投資經歷。他在分析一家名為「布林頓外套」的折扣連鎖公司的股票時，讓妻子和女兒作實地調查，意外的是母女倆竟然一次買回了三件外套，並稱讚那家公司的商品物美價廉。聽了她們的講述後，約翰．內夫果斷地買下了50萬股該公司的股票，日後這些股票大漲，讓他狠狠地賺了一筆。像這種通過身邊小事而發現投資機會的案例，在大師級人物的投資生涯中，其實並不多見，而約翰．內夫卻是發揮得淋漓盡致。

約翰．內夫十分注重股市中市盈率的對比分析，他認為要從七個方面看任何一家上市公司：

1．企業規模方面，一般要求公司收入、市值等方面具備較大的規模。因為規模在一定程度上能反映公司的行業地位、品牌資源等；此外，大中型的公司在虧損後東山再起的機會較大。如在美國市場上，就有市值至少在50億以上的要求。

2.企業經營層面，主要有幾個方面，如企業安全性方面，要求現金流健康；具有一定的盈利能力，要求主營業務利潤大於0，並且一般也不要求必須有較高的增長；財務實力方面，如償債能力有要求資產負債率低於行業水平等等。

3.價格水平方面，要求有合理的價格，一般用低市盈率標準來選取，如市盈率低於市場平均市盈率的40%左右。

4.股息收益率方面，持續的股息支付水平是體現公司長期價值的一個方面，如果股票價格下跌，高股息率將彌補一部分損失。

5.盈利增長率方面，大多數對此要求不高。有的還對此有一定限制，如未來幾年盈利預測負增長或0增長，大於5%即不合格。

6.投資情緒方面，如跟蹤分析師的情緒指數，可要求小於0，大於2即不合格，這顯示，大多數價值股並非分析師看好的股票。

7.投資預期方面，如要求盈利預測被不斷調低，或維持不變；最近一次公佈

的盈利低於市場預期。

對於價值型股票，我們從兩個方面去尋找。

一、是從我們跟蹤的八種價值型選股策略組合中去尋找；

二、是從具有行業地位、品牌價值、資源優勢的公司中尋找前期因盈利下降導致股價大幅下跌的股票，此類股票的典型特徵是市淨率處於較低水平。

# 5．歐文．卡恩：我不借錢投資

如果你有機會向一位擁有84年投資經驗的人學習，那可一定不要錯過。

這個人就是歐文．卡恩。

一九〇五年12月19日，歐文．卡恩出生在美國紐約市一個德裔猶太移民家庭。他的父親在照明燈具行業工作，母親則經營著自己的襯衫生意。

一九二三年，歐文．卡恩從德威特．克林頓高中畢業，進入紐約城市學院學習。一九二八年夏天，23歲的卡恩第一次走進華爾街，開始在紐約證交所裡的一家名叫Hammerschlag, Borg & Co.的小公司當跑單的小弟。當時，離著名的「大蕭條」——席捲全球的經濟衰退開始僅有幾個月時間。

在交易大廳只幹了一週，歐文．卡恩就覺得自己身邊都是一群「瘋子」！於是，他申請調到研究部門去工作。

除了吃飯睡覺外，其他的業餘時間裡卡恩也沒閒著，他在晚上和週末的時候到當時一家大型券商Hentz做兼職。另外，他還會在不多的閒暇時間在Hentz公司位於曼哈頓的辦公大樓裡「閒逛」，你如果覺得他真的是在閒逛，那你就大錯特錯了，卡恩可不是一個想要浪費時間的人，他每次「閒逛」都是有明確的目的，他通過這樣的「閒逛」瞭解著每一層樓的情況，而後每次「閒逛」的過程中都會敲開那些依然燈火通明的辦公室大門。

在一次「閒逛」中，有個簿記員開門接待了卡恩。他那裡剛好有公司主要的損益分類帳目，卡恩問那個簿記員自己能否看一下。得到許可後，他打開了那些損益分類帳目，而其中有一組帳目引起了他的注意，那是一連串幾乎從來沒有虧損過的投資交易，那些交易都在「班傑明·格雷厄姆共同賬戶」的名下。

歐文·卡恩被眼前的數據驚呆了，竟然有如此謹慎而又收益豐厚的交易記錄。他想那個簿記員打聽誰是班傑明·格雷厄姆，簿記員的回答更讓卡恩驚喜若狂——班傑明·格雷厄姆竟然就在這棟大樓裡工作。

歐文·卡恩馬上預約要求拜訪班傑明·格雷厄姆，在安排好的時間裡，他見到了價值投資之父班傑明·格雷厄姆，卡恩甚至成功地說服了對方而成為了這位被稱為「價值投資之父」的教授的助手，作為助手的卡恩的職責是為格雷厄姆在哥倫比亞大學商學院授課時提供協助。

於是，歐文．卡恩白天在格雷厄姆．紐曼公司位於棉花交易所的辦公室上班，到下午時他又和投資教父格雷厄姆一起乘地鐵到哥倫比亞大學開始他們的工作。

歐文．卡恩從班傑明．格雷厄姆身上學到的最重要的東西是班傑明．格雷厄姆抵禦賺取快錢誘惑的能力。「在大多數時候，班傑明．格雷厄姆對這種快進快出的賺錢方式都不為所動。除非他認為這筆投資的賺錢機率要大大高於虧損機率，否則他不會下手。」後來卡恩如此對人說。

歐文．卡恩的方法是將一半的資產放在股票上。他禁止自己借錢投資。他說：「如果你手頭有很多現金，即使在某筆投資上犯了錯誤，也不用太擔心。」

一九二九年7月，歐文．卡恩做空了一個名為馬格馬銅業公司的股票，開啟了自己的第一份交易。當年10月24日，「黑色星期日」不期而至，股市瘋狂的下跌，卡恩的投資生涯卻獲得了一個完美的開局。

歐文．卡恩個人的投資偏好是明顯的，他喜歡在農業股方面做投資。他說：「太陽會為你辦妥一切。」卡恩每一筆投資的年限至少是3年，有的甚至長達15年，直到股票價值回歸。

就憑藉這一點，從上世紀30年代的美國「大蕭條」，二戰後的嬰兒潮，70年代的狂暴通膨，90年代的狂飆到二〇〇〇年後的網路泡沫，二〇〇八年的金融風暴，這位老而彌堅的投資人至今屹立不倒。他波瀾起伏的投資生涯，簡直可以寫一部關於投資歷史的教科書。

一九三九年，在即便是現在看來也是令人恐懼的那場「大蕭條」中，34歲的歐文·卡恩第一次賺到了足夠的錢，他帶著妻子和兩個孩子，從紐約的曼哈頓下東區的公共住房（國宅），搬到了在郊區的別墅。

一九五六年，班傑明·格雷厄姆正式退休，歐文·卡恩也結束了自己長達27年的「助理」工作。其後，他又在亞拉伯罕公司工作了整整20年。

一九七八年，年過古稀的歐文·卡恩和兩個兒子艾倫和托馬斯一起，成立了自己的家族投資公司——卡恩兄弟公司，他終於成為了自己的老闆。

根據二〇一一年底美國證交會的數據，卡恩兄弟的管理資金為9.5億美金，股票部分為4.5億，其餘的是現金。不過，這位一路走過風風雨雨的投資人，仍然延續著大蕭條時期華爾街人士的節儉生活習慣。

當時，歐文·卡恩和妻子露絲住在下東區的尼克伯克村，在公共住房中擁有一套公寓；為了省下在餐廳多花的錢，他步行回家吃午飯；他儘量讓孩子們過得好一些，看起來似乎「有個有錢的老爸」，儘管事實上並非如此。

賺了大筆錢之後，歐文·卡恩的生活沒有因此產生太多變化。他不打高爾夫球，沒有度假別墅，也沒有鄉村俱樂部的會員資格。多年來都吃同樣的一道菜：切碎了的牛排。只有在妻子的再三催促下，他才不情不願地站在加勒比海的沙灘上，如果你認為他真的是在做全職丈夫和妻子度假，那你就大錯特錯了，因為他是帶著成堆的年度報告去的。

一九九六年，結婚65年後，他的妻子露絲辭世，華爾街成了他的唯一的伴侶。

歐文・卡恩說：「我無法再找到一個人或一種職業，能像經濟那樣，對我產生如此大的吸引力。」儘管視力和聽力都已衰退，即將108歲的人瑞歐文・卡恩仍然是卡恩兄弟集團的主席，他的工作仍然是負責旗下9億資金的投資決策，並代表公司客戶關注年輕的投資經理的每一筆交易。

現在，歐文・卡恩依然每個星期工作5天，當然，他也會偶爾地在週五的時候給自己放一天假。他每天要閱讀的東西很多，他要閱讀的東西包括至少兩份報紙、許多雜誌和書籍，尤其是科學類的。他說，他有一個一直堅持不變的目標，這個目標就是「對一支股票的瞭解，要比賣給你股票的那個人多得多」。（編按・歐文・卡恩在二〇一五年二月28日逝世於紐約，享年一〇九歲。）

# 6．菲利普．費雪：他為什麼是成長股價值投資策略之父

菲利普．費雪：現代投資理論的開路先鋒之一，成長股價值投資策略之父。他不但是教父級的投資大師，也是華爾街極受尊重和推崇的投資專家之一。

菲利普．費雪一九〇七年生於美國的三藩市（舊金山），他與祖母特別親近。還是在孩提時期，費雪就已經知道了股票市場的存在以及股價變動會帶來的機會。為什麼費雪會在童年就知道的比別的小朋友多呢？這並非偶然，據說那是有一天還是小學生的費雪下課後去看望他的祖母，恰好他的一位伯父正在與他的祖母談論著未來工商業以及股票可能受到的影響。他們雖然只討論了10分鐘，但是小費雪卻聽得津津有味。他說：「一個全新的世界展開在我眼前。」

一九二〇年代是美股狂熱的年代，菲利普．費雪那會兒就開始買賣股票了。他確實賺到一點錢。然而，他的父親對他買賣股票的事情並不認同，在他的父親看

來，股票買賣只是賭博。

一九二八年，費雪從史丹福大學商學院畢業。一九二八年5月，費雪申請到三藩市國安盎格國民銀行到商學研究所，成為那裡研究生，他主修的是投資。同時，他還受聘於該銀行做證券統計員（也就是證券分析師），從此正式開始了他的投資生涯。

一九二九年，美股上漲不斷，但是，費雪在評估美國基本產業的前景時，注意到許多產業存在著供需的問題，這些企業的股票前景並不讓他樂觀。

一九二九年8月，費雪向銀行高級主管提交了一份「25年來最嚴重的大空頭市場將展開」的報告。這是他第一次提交的研判準確的股市預測，美中不足的是費雪的對策與之後的市場與其研判偏差較大。他選擇的是「看空做多」。費雪到處尋找一些還算便宜的股票，以及值得投資的對象，因為在他看來它們還沒漲到位。

費雪投入幾千美元到3支股票中。這3支股票均是低PE股（市盈率），第一家是火車頭公司，第二家是廣告看板公司，第三家是出租汽車公司。

與費雪的預測的時間表並無多少出入的是：美股確實在他研判的時間段裡崩潰了，而且是大崩潰！之前，費雪預測到無線電股將暴跌，但是，他自己所持有的3支股票下跌得更嚴重。到一九三二年時，他的損失只能用「慘重」兩個字來形容。

當然，這是後話了。

一九三〇年1月，費雪被提升了職位，他當上自己部門的主管。不久，就有一家經紀公司出高薪想挖走他。這家經紀公司所要給予他的自由度相當的大，費雪可以自由選取股票進行分析，然後將報告分發給公司的營業員參考，以幫助他們推廣業務。費雪接受了這個職位，但是，他的運氣不好，準確地說是他所服務的那家經紀公司的運氣確實不好，費雪跳槽過去僅工作八個月，這家公司就在股市的大崩潰所帶來的巨大衝擊中倒閉了。

不消說，費雪現在頭銜改為了「失業者」。為了生計，他不得不在經濟環境不堪的社會中再去找一份工作，而文書作業員卻是他當時唯一能找到的工作。這份工作用費雪自己的話來說就是「很沒意思」。

找不到合適的工作，對於費雪這個年輕人來說是不能接受的。他決定自己創業。費雪之前想要從事的事業是管理客戶的投資事務，以此向客戶收取費用——這個工作的名稱就是「投資顧問」。

一九三一年3月1日，費雪開始了投資顧問的生涯，他創立費雪投資管理諮詢公司。最初他的辦公室很小，沒有窗戶，只能容下一張桌子和兩張椅子。

一九三五年，費雪已經擁有了一批忠誠的客戶，他從這份事業中所獲得的利潤確實可觀。

日本海軍襲擊珍珠港後，太平洋戰爭正式爆發，而被襲擊的美國不得不捲入第二次世界大戰中。和其他適齡美國男人一樣，費雪穿上了軍裝成為了一名軍人。與必須在戰場上與敵人拼殺的地面部隊的軍人不同的是，費雪是在陸軍航空兵團當地勤官，他的職責是處理各種商業相關工作。這份工作所需要的冒險與那些在戰壕裡隨時可能被狙擊手幹掉的步兵相比，費雪實在是和那些在倫敦最高司令部的指揮官一樣的安全。

這樣，費雪就有了足夠的空閑時間來思考戰後如何發展他的企業。他的計劃是改變在戰前他的公司服務於大眾而無論投資者投資的資金大與小的方式，費雪要在戰爭結束後只服務於一小群大戶，這樣他就可以集中精力選取高成長的股票並向他的客戶推薦。

戰爭確實沒有延續得太久，在費雪服役三年又六個月後他可以退役了。菲利普·費雪的投資顧問事業又能重新開始了。

一九四七年春，費雪向客戶推薦道氏化工，這是他花了三個月調研的結果。

一九五四年至一九六九年可以說是費雪輝煌的15年。他所投資的股票升幅遠遠超越指數。一九五五年，他買進的德州儀器股票到一九六二年時已升了14倍，隨後

德州儀器股票暴跌80％，但隨後幾年又再度創出新高，比一九六二年的高點高出一倍以上，換言之，比一九五五年的價格高出30倍。完全不用懷疑的是，這次費雪是大賺其錢了。

一九五八年，費雪完成了他的《怎樣選擇成長股》一書，這本書一出版就成為投資者必備的教科書，該書不久即成為《紐約時報》有史以來第一部登上暢銷書排行榜的投資方面的著作。

一九六〇年代的中後期費雪投資摩托羅拉公司的股票，他持有摩托羅拉的股票21年，股價上升了19倍——即21年內股價由1美元上升至20美元。不計算股利，折合每年平均增長15.5％。

一九六一～六三年，費雪受聘於史丹福大學商學研究所教授高級投資課程。

一九九九年，費雪接近92歲才退休。

二〇〇四年3月，一代投資大師與世長辭，享年96歲。

# 7・向菲利普・費雪學習什麼

**菲利普・費雪買進優良普通股的15個要點**

1・這家公司的產品或服務有沒有充分的市場潛力——至少幾年內營業額能大幅成長。

2・管理階層是否決心開發新產品或制程，在目前有吸引力的產品線成長潛力利用殆盡之際，進一步提升總銷售潛力。

3・和公司的規模相比，這家公司的研發努力，有多大的效果？

4・公司有沒有高人一等的銷售組織？

5・公司的利潤率高不高？

6・公司做了什麼事，以維持或改善利潤率？

7・公司的勞資和人事關係好不好？

8．公司的高階主管關係很好嗎？
9．公司管理階層深度夠嗎？
10．公司的成本分析和會計紀錄做得好嗎？
11．是不是有其他的經營層面，尤其是本行業較為獨特的地方，投資人能得到重要的線索，曉得一家公司相對於競爭同業，可能多突出？
12．公司有沒有短期或長期的盈餘展望？
13．在可預見的將來，這家公司是否會因為成長而必須發行股票，以取得足夠資金，使得發行在外的股票增加，現有持股人的利益將預期的成長而大幅受損？
14．管理階層是否報喜不報憂？
15．管理階層的誠信正直態度是否無庸置疑？

**菲利普．費雪投資人10不原則**

1．不買處於創業階段的公司
2．不要因為一支好股票在未上市交易，就棄之不顧。
3．不要因為你喜歡某公司年報的格調，就去買該公司的股票。

4．不要因為一家公司的本益比高，便表示未來的成長已大致反映在價格上。
5．不要錙銖計較
6．不要過度強調分散投資
7．不要擔心在戰爭陰影籠罩下買進股票
8．不要忘了你的吉爾伯特和沙利文
9．買進真正優秀的成長股時，除了考慮價格，不要忘了時機因素。
10．不要隨群眾起舞

## 菲利普．費雪8點投資心得

1．投資目標應該是一家成長公司，公司應當有按部就班的計劃使盈利長期大幅成長，且內在特質很難讓新加入者分享其高成長。這是費雪投資哲學的重點。盈利的高速增長使得股價相對而言愈來愈便宜，假如股價不上升的話。由於股價最終反映業績變化，因此買進成長股一般而言，總是會獲豐厚利潤。

2．集中全力購買那些失寵的公司。這是指因為市場走勢或當時市場誤判一家公司的真正價值，使得股票的價格遠低於真正的價值，此時則應該斷然買

進。尋找到投資目標之後，買進時機亦很重要；或者說有若干個可選的投資目標，則應該挑選那個股價相對於價值愈低的公司，這樣投資風險降到最低。費雪有過教訓，在股市高漲的年代，買到一家成長股，但是由於買進的價格已經太高了，業績即使成長，但亦賺不了錢。

3．抱牢股票直到公司的性質從根本發生改變，或者公司成長到某個地步後，成長率不再能夠高於整體經濟。除非有非常例外的情形，否則不因經濟或股市走向的預測而賣出持股，因為這方面的變動太難預測。絕對不要因為短期原因，就賣出最具魅力的持股。但是隨著公司的成長，不要忘了許多公司規模還小時，經營得相當有效率，卻無法改變管理風格，以大公司所需的不同技能來經營公司。長期投資一家低成本買進、業績高成長的公司，不應因為外部因素而賣出持股，應該以業績預期為賣出依據。因為外部因素對公司的影響很難精確分析和預測，同時這些因素對股價的影響亦不及業績變動對股價的影響大。我們投資的是公司不是GDP（國內生產總值），亦不是CPI（消費者物價指數）或者定期存款利率。許多人信奉波段操作，但是至今沒有一個靠波段操作成為投資大師的。波段操作企圖提高盈利效率，所謂超底逃頂，這些烏托邦式的思維，實際可望而不可及。

4．追求資本大幅成長的投資人，應淡化股利的重要性。獲利高但股利低或根本不發股利的公司中，最有可能找到十分理想的投資對象。分紅比例占盈餘百分率很高的公司，找到理想投資對象的機率小得多。成長型的公司，總是將大部分盈利投入到新的業務擴張中去。若大比例分紅，則多數是因為公司的業務擴張有難度，所以才將盈利的大部分分紅。不過，這是指現金分紅，而以紅股形式的分紅則應該鼓勵。

5．為了賺到厚利而投資，犯下若干錯誤是無法避免的成本，重要的是儘快承認錯誤。一如經營管理最好和最賺錢的金融貸款機構，也無法避免一些呆帳損失，瞭解它們的成因，並學會避免重蹈覆轍。良好的投資管理態度，是願意承受若干股票的小額損失，並讓前途較為看好的股票，利潤愈增愈多。好的投資一有蠅頭小利便獲利了結，卻聽任壞的投資帶來的損失愈滾愈大，是不良的投資習慣。絕對不要只為了實現獲利就獲利了結。無論是公司經營還是股票投資，重要的是止損和不止盈。此處的止損是指當你發現持有的股票出現與當初判斷公司基本面的情況有相當大的變化則賣出持股的做法。不止盈是即使持有的股票大幅上升但公司盈利仍將高速增長且目前股價相對偏低或者合理的情況下繼續持股的做法。許多投資者往

往是做反了，買進一支股票一旦獲利，總是考慮賣出；相反，買進的股票套牢了便一直持有，讓虧損持續擴大。

6．真正出色的公司數量相當少，當其股價偏低時，應充分把握機會，讓資金集中在最有利可圖的股票上。那些介入創業資金和小型公司（如年營業額不到兩千五百萬美元）的人，可能需要較高程度的分散投資。至於規模較大的公司，如要適當分散投資，則必須投資經濟特性各異的各種行業，對投資散戶（可能和機構投資人以及若干基金類別不同）來說，持有20種以上的不同股票，是投資理財能力薄弱的跡象。通常10或12種是比較理想的數目。有些時候，基於資本利得稅成本的考慮，可能值得花數年的時間，慢慢集中投資到少數幾家公司。投資散戶的持股在20種時，淘汰一些最沒吸引力的公司，轉而持有較具吸引力的公司，是理想的做法。

記住：ERISA的意思是：「徒勞無功：行動時思慮欠周」（Emasculated Results: Insufficient Sophisticated Action）。出色的公司在任何市場都只有5％左右，而找到其中股價偏低的則更是千載難逢的好機會，應該重倉買進，甚至是全部資金買進。

7．卓越的普通股管理，一個基本要素是能夠不盲從當時的金融圈主流意見，也不會只為了反其道而行便排斥當時盛行的看法。相反的，投資人應該擁有更多的知識，應用更好的判斷力，徹底評估特定的情境，並有勇氣，在你的判斷結果告訴你，你是對的時候，要學會堅持。

8．投資普通股和人類其他大部分活動領域一樣，想要成功，必須努力工作，勤奮不懈，誠信正直。

菲利普．費雪說，股票投資有時難免有些地方需要靠運氣，但長期而言，好運、倒楣會相抵，想要持續成功，必須靠技能和運用良好的原則。根據以上費雪8點指導原則架構，相信未來主要屬那些能夠自律且肯付出心血的人。

## 8．窮人7步走，賺來第一桶金

窮人理財的第一步就是要經濟獨立，有了獨立的經濟來源再來談理財，其次要消除不良的惡性負債，為什麼上流社會都屬《富比士》的富豪們的，他們是怎麼成為世界名人呢？財經界有巴菲特、羅傑斯、李嘉誠、葛林斯潘、索羅斯、還有比爾．蓋茨等等。他們的第一桶金又是怎麼得來的呢？讓我們來看看窮人變富翁都需要哪些步驟，需要我們學習的是什麼？

### 步驟1：下定決心開始「自己」理財

有人將「理財」等同於「不花錢」，進而聯想到理財會降低消費所得到的樂趣與生活質量。這樣的人多是上了些年紀大老年人。而對於喜愛享受消費快感的年輕人來說，心理上難免會抗拒「理財」這個觀念，「理財」此事，等老一點再說吧。

上述觀點有代表性嗎？答案其實是否定的。

年輕人不在意理財或是不知道理財，最主要的原因是漠視「人」與「錢」的差別。普天之下的人都知道一個道理「錢能生錢」，西諺叫做「Money makes money」，意即「錢」追「錢」，總比「人」追「錢」來得快捷有效。

那麼如何用錢去追錢呢？

首先，當然要擁有「第一桶金」——一筆驍勇善戰的「母錢」，然後用這筆「母錢」產生「錢子錢孫」。

但是，這「第一桶金」應該怎麼來呢？生活中我們常在「清倉大減價」、「免年費信用卡」等誘惑下失去控制，而忍不住花錢購買一些並非我們當時迫切需要的物品或消費品，從而一次又一次的錯過儲蓄「第一桶金」的時機。所以，只有先下定決心「自己」理財，才算是邁開成功理財的第一步。

## 步驟2：排除惡性負債，控制良性負債

若你已經下定決心自己理財，接下來要做的就是將你自身的財務獨立起來。這裡所說的「財務獨立」是指「排除惡性負債、控制良性負債、學習理財投資」。

所謂的惡性負債是指人力不可控制的負債，例如生病、意外傷害、車禍等，這些事件引起的負債都屬惡性。這種情況下，如果買了保險就可以降低因意外所遭致的損失，從而排除惡性負債。所以，財務獨立的第一步就是買一份適合自己的保險，將意外帶來的金錢損失轉嫁給保險公司，讓你無後顧之憂。

而良性負債就是你可以自己控制的負債，如生活費、娛樂費、子女教育費、房屋貸款等。換句話說，你可以決定自己每月的生活費用，你可以決定跟父母住或是搬出去住，結婚後要不要買房子、生孩子等生活細節的決定權在你。

## 步驟3：學習理財投資

之前提過的「財務獨立」是指「除惡性負債、控制良性負債及學習理財投資」。其實財務獨立只是一個觀念的建立，在你實現財務獨立之前還有許多準備工作，其中學習理財知識就是你這個階段最重要的工作。

之後，你所要做的就是從事理性的投資。

何謂理性的投資？簡單地說就是「投資者瞭解所欲投資目標的內涵與其合理報酬後所進行的投資行為」。為什麼獨立理財要強調理性投資的重要性呢？因為投資不當會導致出現嚴重負債的情況！理性、正確的投資不但可以將「收入」大於「支出」的差距擴大，使你的財務真正獨立，並且能協助你達成人生的目標。

理財是否一定要交給專家？

把理財交給專家的觀念是正確的，因為專家可以在他（她）的工作時間內將大部分時間和精力投入到為客戶理財的工作中，而且擁有較多的資源和工具，可以有效地提高作為投資者的你的投資收益，這些都是理財專家的優勢。既然可以委託給專業的理財專家為我們理財，那我們自己為什麼還要學習理財知識呢？因為，在你把錢交給專家理財之前，是不是對這個「理財專家」充滿信心，並且確定這個「理財專家」會以你投資回報所得最大化為理財的最終目的，最後還需要確定他（她）會將你所投資的錢在你指定的時間裡轉回到你的「錢口袋」中。如果你沒有十足的把握，那麼，你自己學習理財知識就是必要的。

## 步驟4：設定個人財務目標及實行計劃

一、設定理財目標

理財目標最好是以數字衡量，計算你自己每月可存下多少錢、要選擇投資回報

率是多少的投資工具和預計多少時間可以達到目標。因此，建議你第一個目標最好不要定的太高，所要達到的時間在二～三年左右為宜。

**二、個人所投入的金額，可分為一次投入或多次投入。**

投資工具的回報率 投資工具可分為定存、基金、股票、期貨、債券及黃金等。投資回報率愈高，相對風險也愈高。

**四、投入的時間**

金錢是有時間價值的，投入的時間愈長，所獲得的報酬也愈大。因此，最基本的設定方式為先確定個人所能投入的金額，再選擇投資工具。此外，投資工具的回報率要超過通貨膨脹，最後隨著時間的累積，就可達到所設定的財務目標。

## 步驟5：養成良好的理財習慣

一、一千元不嫌多，一塊錢不嫌少

生活理財起初最常見的方式就是強迫自己每天存一筆錢到存錢筒裡，而這個存錢筒最好是透明的，並每天記錄下來。透明的存錢筒是為了讓你隨時查閱理財的成效，記錄是讓你養成記帳的習慣。當你每日的儲蓄隨著時間的累積，達到一定數量後再轉存到存款簿裡，如此日積月累，就可以逐漸養成自身存錢理財的習慣。

### 二、培養記帳的習慣

生活理財的第二步，是培養記帳的習慣。記帳的好處在於你可以知道每日所花費的錢都用在什麼地方，在財務有需要節流時，也知道從何處下手。加上現在許多電腦軟體如Microsot Money等，能幫你分析日常記帳的資料，所以記帳在現代生活中已不像以往那樣是件吃力而沒有意義的事。

## 步驟6：投資從基金開始

為什麼說投資從買基金開始呢？那不是要交給基金公司的專家理財了嗎？其實我們對於投資理財的立場仍然堅定「自己投資理財」，只是許多投資工具是有投資門檻的，所以我們不得不「暫時」犧牲部分投資成本，先借用基金公司專家的投資能力，來累積日後自己理財投資的成本。

舉例來說：股票公開市場中最低的投資額是一手1股的股票，但有很多績優、市場前景看好的股票則一張面值2～3萬元，這使得許多剛理財有成而想要投資股市的人望而卻步。雖然也有一些股票一張市值低於1萬元，但這些股票有面臨隨時

變成「毫股」或「仙股」而最後賺不到股息、股價下跌的高風險。然而，投資基金則可避免「將更多個雞蛋放進一個籃子」的情況，因基金本身是會做一定程度的分散投資，用以回避風險。

## 步驟7：策略隨年改變

個人理財並不是一個固定不變的公式，隨著年歲增長，理財目標和策略也有所不同。經濟學家弗蘭科・莫迪利安尼所提出的生命週期假設，對確定個人理財目標和策略有著指導性的作用。

人生在少年及老年期，由於沒有工作能力，支出必然大於收入。至於壯年期，工作能力正旺，並懂得為將來（老年期）做出打算，故收入和儲蓄相應增加，所以其投資策略也須做出相應調整。

第6章

# 賺錢的方法有千萬種

每個人都希望自己有錢，而想要獲得錢就得去賺。怎麼賺？當然是要合法地和有技巧地賺取你想得到的錢。

# 1．不要在沒錢時，才想起賺錢

財富不是你呼之即來的東西，你的家也不是銀行。所以，唯一正確與合法獲取財富的方法，就是你平時有計劃地進行理財而積累出來的財富。

很多人都知道過日子得精打細算，每個月應該儲備一點閒錢。但是，這種念頭往往只停留在腦海中，遲遲不能付諸於實踐。這些人通常以沒有時間和精力為藉口，只記得消費，而不懂得存錢。大家都知道理財目標的重要性，卻很少去實現它，原因就在於沒有制定具體且易於操作的理財計劃。

確立一個符合自身情況的長遠理財計劃是很必要的。只有計劃較為合理，並且能夠長期堅持，理想的收益並非遙不可及。制定好理財計劃後，你必須嚴格執行你的理財計劃，並且有意識地減少你生活中消費可能帶來的負債，你可以將小筆的錢定期投資到一個業績較好的投資項目上去，理財，其實就是這麼簡單。

一旦你確立了理財目標，還要有個合理的期限，你需要將你的投資目標以長

期、中期和短期分類，一步一步向正確的理財方向走，最終你才能實現你的理財目標。這個時間不會很短，但是，理財計劃原本就是「長跑專家」，你只要堅持不懈，就必然有收穫。

麥哲倫基金的經理人彼得．林奇在每次投資時，他都會把計劃做得非常細緻，具體到每一天該做什麼及怎樣做。然後，他便開始嚴格執行，理性地買進賣出，所以，他的成功是接踵而來的。每一個理財者都應該懂得這樣一個道理：小生意也好，大買賣也罷，管理好自己的錢包最重要，因為，那是你決定成敗的關鍵。節省下每一分不應該支付的錢，你才能積少成多，贏得大財富。

據說19世紀的時候，有一個猶太商人在錢包內寫著10條理財的黃金守則，每當他需要用錢或者花錢時，總會打開錢包對照10條守則思量一番，然後再決定是否花錢。這就是在歐美流傳很久的「10條理財金規」。

**．以下是「10條理財金規」的具體內容：**

第1條：花錢和攢錢要出於自願。如果一個人心有不滿，就無法儲蓄錢財。

第2條：過有預算的生活。長期無節制、無計劃的花銷，必然使你入不敷出，並終將導致你破產。

第3條：夫妻共同承擔財務問題。如果夫妻關係不佳，不僅做生意受影響、還會誘發財務糾紛，賺錢、存錢的理財目標便成了一個問號，所謂「家和萬事興」。

第4條：愛惜財物。這是有聚財意識的體現。

第5條：注意健康。身體是一切成功的本錢。身體不健康，你不僅無法正常工作，還要為此花去一筆為數不菲的醫藥費。

第6條：培養獨立和超強的財務自信心。

第7條：視花錢為一種樂趣，但不要上癮。

第8條：每一筆錢都能花出價值且貫徹始終。

第9條：隨時節儉，戒除「三惡」，即「肥胖、馬車和煙草」這三種惡習。不貪吃山珍海味，只求營養均衡；不要搭乘使你腳力、腰力衰退的車子，儘量步行；堅決戒掉困擾別人、也威脅自己生命的煙草。

第10條：不以賺錢為首要目標。不可只注意眼前利益。抱有這種心態，你反而能夠賺大錢。

## 2．超越比爾．蓋茨的卡洛斯．斯利姆

二〇一〇年3月10日，美國《富比士》雜誌在紐約揭曉了該年度億萬富豪排行榜，墨西哥電信大亨卡洛斯．斯利姆．埃盧以590億美元資產，取代美國微軟公司創始人比爾．蓋茨成為新的世界首富。他名下企業的總市值占到目前墨西哥股市總市值三千六百六十億美元的將近一半，而其個人所擁有的財富總額相當於墨西哥國內生產總值的8%。而此後的二〇一一年、一二年、一三年，卡洛斯．斯利姆．埃盧蟬聯《富比士》全球富豪榜首富，二〇一三年，卡洛斯．斯利姆．埃盧的財富更是達到了730億美元的資產。

依據卡洛斯．斯利姆．埃盧旗下上市公司的市值，早在二〇〇八年7月底，卡洛斯．斯利姆．埃盧的個人資產總值就已經達到590億美元，從而一舉攀升至全球首富。與此同時，曾經長期佔據全球首富寶座的比爾．蓋茨則滑落至第二位，他的個人資產總值預計至少為580億美元。

考慮到卡洛斯・斯利姆・埃盧的個人資產仍在持續增加中，而比爾・蓋茨正在出售其最主要的財富來源——微軟股票。因此，卡洛斯的世界首富地位有望更加穩固。二〇一〇年以來，卡洛斯的個人資產總值又增加了120億美元。

那麼，卡洛斯是誰？他是如何成為了超越全球首富比爾・蓋茨的人呢？

卡洛斯是黎巴嫩移民朱立安・斯利姆・海達第的孩子。卡洛斯的事業的起點的工作場所與賈伯斯、比爾・蓋茨差不多，他是從墨西哥城的一座小倉庫而不是車庫開始的。現在，卡洛斯的商業帝國包括廉價航空公司、雪茄公司、音樂零售業務和互聯網內容供應商。卡洛斯最為成功的投資是一九九〇年當墨西哥電信業向私人開放時，卡洛斯掌控了墨西哥的電信運營商Telmex。卡洛斯的Telmex控制著墨西哥10條陸上線路的9條。

卡洛斯一九四〇年1月28日出生於墨西哥城，他的父親朱立安・斯利姆・海達第是土生土長的黎巴嫩人。一九〇二年，因逃避土耳其人的政治迫害，朱立安離開黎巴嫩，穿過大西洋最後選擇在墨西哥城定居。在墨西哥，朱立安經營著一個叫做「導航之星」的乾貨店。

經營乾貨店的同時，朱立安還在墨西哥市中心地段買下了一片地產。投資房地產領域在當時是一種冒險的舉動，因為墨西哥城正經歷著「墨西哥風暴」運動，政

局動盪。但是後來的事實證明了朱立安的膽識和眼光，他在房地產領域的投資獲得巨大的回報。

獲得商業上的成功的朱立安．斯利姆．海達第迎娶了另一名黎巴嫩商人的女兒，並在商業運作上得到了他的岳父的巨大支持。

在父親朱立安的影響下，卡洛斯從小就對投資表現出濃厚的興趣。11歲時，他就做出了人生的第一筆投資——購買國債。

當卡洛斯還只有12歲的時候，他的父親朱立安就給他一筆約合20美元左右的資金，而卡洛斯很快就讓這筆錢升值了數倍，可謂是很有經商頭腦。17歲的時候，卡洛斯已經學會了炒股。談到父親朱立安對自己的影響，卡洛斯一直覺得父親就是他經商的導師，「父親教我要有勇氣，無論遇到什麼樣的危機，墨西哥都不會消失，如果我對這個國家有信心的話，那麼任何合理的投資都將獲得回報。」

一九六一年，卡洛斯從墨西哥國立自治大學土木工程系畢業後一度在學校教授數學課程。

20世紀80年代，卡洛斯的父親朱立安已經年邁，他要求卡洛斯離開教授數學的工作回到自己身邊來接手家族生意。剛開始，卡洛斯並沒有在其他項目上花費時間，他繼續著他父親朱立安在地產項目的工作。

因為商業觸角敏銳和善於以低投資而獲得高利潤的卡洛斯，很快就被稱為是個「總喜歡撿便宜的人」。作為一個「總喜歡撿便宜的人」的卡洛斯，不久就不僅僅將他的目光和投資只用在地產項目上來。期貨市場上他總能抓住機會「大撿便宜」。除此之外，卡洛斯對啤酒生意也饒有興趣，他投資過一個啤酒瓶生產項目，而期貨和啤酒生產都為他賺取了可觀的利潤。

和年輕時的父親朱立安一樣，卡洛斯也在奠定了自己在商業上的基本地位後結婚了。他的妻子索瑪婭．賈梅耶出身名門。婚後的卡洛斯成立了卡爾索工業集團公司。索瑪婭．賈梅耶一九九九年患腎病去世，卡洛斯沒有再娶。

作為商人的卡洛斯習慣於將所收購公司生成的資金用於再投資，或者收購其它資產。和富有盛名的沃倫．巴菲特一樣，卡洛斯在過去的20年中在投資方面也展現出了卓越的能力。他總是能發現那些價值被低估的公司，收購下來後再把他們改造成賺錢機器。

上世紀80年代中期，墨西哥經濟深陷債務泥潭，公司價值達到歷史最低點。卡洛斯決定去「購物」了。他買入了一批這樣的企業，不到10年間，這些公司的市場價值已經平均翻了三百倍。

一九六五年，卡洛斯收購了Inversora Bursátil和Jarritos del Sur。早期主要投資

於建築、房地產和採礦企業。一九六六年，卡洛斯當時身價為四千萬美元，此時他成立Inmobiliaria Carso基金會。

一九七二年，卡洛斯成立了另外7個在這些類別或收購企業，其中一出租建築設備。一九七六年，卡洛斯的分公司購買了印刷企業的60％。一九八〇年，他將工業、建築業、礦業、零售、食品和煙草等業務合併，重組為Grupo Galas公司。

一九八二年，墨西哥經濟依賴於石油出口，承包迅速，石油價格下跌和全球利率上升。一九八二年～一九八五年期間，卡洛斯購入大量黃金、墨西哥的商業業務和無數墨西哥酒店零售業務。

而真正使得卡洛斯令獲得巨大名聲和財富的則發生在一九八二年，那一年，墨西哥遭遇外債重壓而出現嚴重的經濟危機，貨幣瘋狂貶值，外資紛紛撤離，墨西哥本土的大多數投資者也輕易不敢拿出他們的錢來做投資。而此時的卡洛斯則以極低的價格收購了許多瀕臨破產的煙草企業和餐飲連鎖公司，並最終成功地將它們扭虧為盈。

在此之後，墨西哥經濟開始復蘇。截至20世紀80年代末，卡洛斯已經成為墨西哥最成功的商人之一。此時，卡洛斯又贏來一個重要機遇：墨西哥政府將國有企業大規模私有化的浪潮。

20世紀90年代末期，卡洛斯出資一千六百七十萬美元聯合美國SBC和法國電信，以20億美元的價格從墨西哥薩利納斯政府手裡收購了墨西哥電信20%的股份。考慮到當時其他電信公司的市值，這是一個十分合理的價格。與此同時，卡洛斯還得到了墨西哥政府的承諾，在七年內維持其在電信行業的壟斷地位。最終，卡洛斯在墨西哥電信公司的投資達17億美元，他獲得了絕對的控制權。

卡洛斯．斯利姆．埃盧最終能競標成功，與他同薩利納斯政府關係密切有著很大的關係。有報導稱，他曾向卡洛斯．薩利納斯領導的PRI黨派提供巨額捐贈。此外，卡洛斯還曾經為多個貿易組織和協會提供資助，這樣做的好處是可以減少墨西哥國內反對的聲音。在鞏固墨西哥市場的同時，卡洛斯開始向國外擴張。得益於本世紀初互聯網泡沫破碎，他又以低價收購了大量的無線資產，包括AT&T拉丁美洲公司。

卡洛斯成功買下墨西哥電信公司後的五年時間裡，他投資了100億美元用來更新設備。這些投資和之後所得到的回報最終使得卡洛斯這個負債國企打造成了卡洛斯的「搖錢樹」。事實上，在很多人看來，購買墨西哥電話公司是卡洛斯真正能夠成為世界級富豪的決定性因素。如今這家公司已經戲劇性地增值到200億美元，佔據墨西哥證券交易所總資本的40％。

二千年前後，卡洛斯開始進軍互聯網和個人電腦的領域。但在當時，Telmex在墨西哥僅有一千萬電話用戶，五百萬手機用戶。有一半的墨西哥人沒有能力租一條電話線，更不用說買電腦了。所以，卡洛斯的投資當時還是有很大風險的。不過，卡洛斯對此並不擔心。他說：「電話和因特網很快就到達那些最貧窮的地區，不僅僅是每個人一部電話，我們還要讓他們都能用上網路電話。」

而之後，卡洛斯所控制的美洲移動擁有四千萬用戶，是整個拉美最主要的移動電話公司，有人開玩笑說，整個美洲都在通過他交談。

當卡洛斯開始在國外投資的時候，人們說，那是因為墨西哥國內已經再也沒有剩下什麼投資空間了。卡洛斯自己喜歡把他的海外投資看作一種防守策略。「在電信業，我們不能避開互聯網，尤其在墨西哥向其他更大的競爭對手開放的時候。」

二〇〇一年2月，卡洛斯收購了美國最大的電腦零售商CompUSA，一個月後他又跟比爾．蓋茨的微軟公司合作，啟動了他預計會成為北美和南美最大的西班牙語網站。這是卡洛斯成為全球網路運營商所採取的步驟。卡洛斯本人並不會使用電腦，但是，這完全不妨礙他此後成為了全球首富。

卡洛斯和墨西哥國家教育秘書處聯繫，確保每個學校都至少有一部能上網的電腦。不過卡洛斯本人還不會用電腦，更不用提上網了。一九九九年聖誕節，他的孩子送給他一個筆記本電腦，他笑稱：我只會一項操作，那就是按「開機」鍵。

而不會使用電腦的卡洛斯還需要解決一個問題：如何讓貧窮的墨西哥人買電腦用於上網，因為，如果沒有足夠的墨西哥人買電腦上網，他的電腦和網路的項目就只能成為一個無法預知的投資無底洞，而卡洛斯收購電腦零售商CompUSA和與比爾．蓋茨的微軟公司建立西班牙語網站可不是為了玩的，他是要從中賺取他想要賺到的那一大筆錢啊！

可讓墨西哥人上網決非易事。因為墨西哥人可不像他們的鄰居美國人那樣習慣於用分期付款的方式買車、買房、買電腦及其它一切可以用分期付款購買的物品。墨西哥人與他們的鄰居剛好相反，他們不喜歡也不願意用分期付款的方式。

而一九九四年墨西哥很多銀行在墨西哥經濟衰退中的元氣也還未恢復過來。這就意味著，即便是有墨西哥人能接受分期付款的方式，而墨西哥當時的銀行業也不歡迎他們來辦理分期付款業務——因為，貧窮的墨西哥人的抵押品實在不是那些墨西哥銀行想要的。

卡洛斯．斯利姆．埃盧只能自己想辦法了。他確實想到了一個辦法：網路用戶可以從墨西哥電信公司貸款購買電腦，用戶付出一定的利息，網路接入免費。這種做法在美國很普遍，在墨西哥卻是史無前例的。卡洛斯的這個方法很快就奏效了，

原來墨西哥人並非不願意像他們的鄰居那樣通過分期付款的方式來購買他們所需要的物品。但是，卡洛斯的墨西哥電信公司這次只賣電腦和提供網路支持。這個方式幫助卡洛斯的墨西哥電信公司銷售出7萬台電腦。

卡洛斯自己對此的評論是：「我們的百貨公司貸出的消費貸款比墨西哥第三大銀行貸出的還多。」當卡洛斯的墨西哥電信公司通過分期付款的方式賣出電腦的消息為他的國內競爭對手所知後，他的競爭對手決定模仿這種做法，一年後墨西哥的電腦銷量增長了29％。

善於撿便宜的卡洛斯可不只滿足於賣電腦和網路經營，他對傳統媒體的關注和投資在不久的二〇〇八年9月開始了；卡洛斯以1.18億美元買下《紐約時報》6.4％的股權，二〇〇九年，卡洛斯再次投資2.5億美元的無擔保債券貸款給他喜歡的《紐約時報》，這筆款項是要幫助當時陷入困境的《紐約時報》度過經濟難關。他因此獲得《紐約時報》約1600萬股可分拆認股權證。如果他行使持有的認股權證，將會獲得公司17％的股份，將成為公司最大單一股東，亦是繼奧克斯·蘇茲貝格家族後的第二大股東。

卡洛斯一度連續14個月裡瘋狂入帳230億美元，他刷新了10年來全球個人財富增長最快的紀錄。

卡洛斯覺得人們通常會錯誤地認為一些老式的企業最終要被淘汰，但實際上，這些企業仍然在發揮很大的作用。卡洛斯甚至認為，在數字時代，很多工業時代的明星企業可能會煥發「第二春」。他認為這些企業在數字時代仍會找到新的出路，從而保持增長。

二〇〇〇年，卡洛斯接受過一次心臟手術，術後他便將「王國」的日常工作交給他的三個兒子打理，自己則似乎要從一線隱退。但是，卡洛斯表示他不會放棄對公司的管理。他說，財富如同果園，可以與人分享果實，但是不能把果園送人。

根據媒體的報導，早在二〇〇六年，卡洛斯家族控股的資產在墨西哥二〇〇六年國內生產總值（GDP）中占到5%以上的比例。卡洛斯在二〇一三年富比士全球富豪榜以730億美元排名第一位。曾經的全球首富比爾．蓋茨在卡洛斯．斯利姆．埃盧面前只能靠邊站了。

# 3．投機天才：傑西．李佛摩

一八七七年7月26日，傑西．李佛摩生於美國麻薩諸塞州一個農夫的家中。

在傑西．李佛摩從15歲遊走證券行和到20歲正式闖蕩華爾街之前，當年那個沒有讀完中學的鄉下孩子很快成為讓人驚懼的「少年賭客」。而傑西．李佛摩48年後離世時，他在華爾街的交易生涯也是起伏跌宕，四起四落。

在美國有股市以來的一百五十年交易史上，沒有幾人像傑西．李佛摩一樣大筆財富賺來又失去，失去又賺來；更沒有幾個人能像傑西．李佛摩一般在陷入絕境時，債主不願催逼債務而耐心地等待他捲土重來。傑西．李佛摩確實不負所望地重整了山河，他單槍匹馬殺回去賺回大筆的財富。他每次東山再起後，都會對他破產時所受到牽累的人進行全面賠償，儘管根據美國的法律他並不需要賠償。

傑西．李佛摩除了15歲時做的第一筆交易——5美元本錢、3.12美元盈利是與他人合作的外，在他的歷史上再沒有過聯手交易的記錄。

一九〇七年10月24日，他以做空在當日市場崩盤中狂掠100萬美元，以至於當時出手力挽狂瀾的金融泰斗約翰．摩根也不得不托人說項請他高抬貴手，次日他還是反手做多，又將300萬美元納入囊中。

由此，傑西．李佛摩贏得了「華爾街巨熊」桂冠。

傑西．李佛摩的第一次滑鐵盧發生在一九〇六年，當時，李佛摩聽從內幕消息做空被套，但是，他竟然因禍得福地因洛杉磯大地震獲得解救，甚至還盈利超過25萬美元。自此，李佛摩就不再迷信小道消息。第二次滑鐵盧則發生在兩年後的一九〇八年，這次他是因為輕信「棉花大王」的訊息在棉花上做多，而將此前一年幾百萬美元盈利悉數吐回市場，自此，李佛摩不再對所謂「專家意見」當回事了。

「在我多次掉落陷阱並千辛萬苦脫身後，我對自己工作最滿意的地方之一，就是孤獨。」李佛摩說，「我沒有追隨者。我憑自己的腦子賺錢。股價朝我預測的方向發展時，並沒有靠朋友或夥伴幫我推動市價；股價朝不利於我的方向發展時，也沒人能使它停下來。……這就是我一直單獨幹的原因。」

一九一四年，傑西．李佛摩在第三次破產後，又遭遇美國長達四年的經濟蕭條，他欠下百萬美元巨債。當時，只有一家券商願意為他提供一筆為數只有500股的交易信用額度。對李佛摩而言，他只有一粒子彈和一次摳動扳機的機會，他將如

何能夠保證用99％的概率擊倒對手贏得自己的生存之戰？

如果傑西．李佛摩不能在這唯一的機會中做到：第一，看對大盤；第二，選對股票；第三，抓住時機；第四，拿出勇氣，他可能都將永世不得翻身，和這市場上99.99％的人一樣，從此淘汰出局。也就是說，他必須做一次成功機率為99.99％的交易，考慮到當時市場出於衰退中，毫無財富效應，其難度可想而知。

一九一四年8月～12月，華爾街閉市給了李佛摩思考和檢索訊息的時間。

進入一九一五年2月～3月後，李佛摩已經有了自己的主意——他看中了發戰爭財（一戰時間一九一四年7月28日至一九一八年11月11日）的伯利恒鋼鐵公司。伯利恒鋼鐵公司那時股價約50美元，但對比大盤，道瓊工業指數當時還沒有顯示出強度，只有領導股牛角初露。李佛摩這次沒急於動作，他選擇了蟄伏和等待，直到一九一五年5月下旬。

李佛摩後來在他的在《股票作手回憶錄》書中對這段故事有如下描述：「由於眾所周知的原因，在一九一五年早期那些關鍵的日子裡我非常看好的是伯利恒鋼鐵公司的股票。簡直可以肯定它要上漲，但是為了確保第一次操作就賺錢，我決定等到這支股票突破面值（100美元）之後。」「我想我已經告訴過你了，我的經驗顯示：無論什麼時候，一支股票首次越過100、200或300元時，它幾乎總要繼續上漲30到

50元。越過300元後，漲得比越過100元時更快。這是一個古老的投資原則。」「你可以想像我是多麼渴望恢復過去那種交易規模。我太急於開始了，但是，我還是控制住自己。正如我所料，伯利恒鋼鐵的股票每天都在上漲，越漲越高。然而，我還是控制住自己不要衝動地去威廉森・布朗公司買入五百股股票。我清楚必須使第一筆投資盡可能獲益。」「股票每上漲一個點就意味著我又沒賺到500美元。……可是，我卻端坐在那兒，我不是傾聽心中喋喋不休的希望和鬧鬧嚷嚷的信念，只傾聽經驗發出來的冷靜聲音和常識給我的忠告。最後常識戰勝了貪婪和希望！」

伯利恒鋼鐵公司的股價於一九一五年6月初開始沖天而起，三週內股價衝上90美元以上。在用了超過十六週的時間等待大盤的強度，其中包括六週的時間等待伯利恒鋼鐵個股的強度後，李佛摩終於在其股價達到98美元時出手了。

李佛摩說：「我一下子買了伯利恒鋼鐵公司的五百股，行情當時是98美元。我在98～99美元時買了五百股。我想那天晚上收盤是114美元或115美元，我又買了五百股（用賬面浮盈開倉）。」「第二天伯利恒鋼鐵漲到145美元時，我套現了。為了等待正確的時刻，我耗了六週，這是我經歷過最費力耗神的六週，但是，我得到了回報，因為我現在已經有了足夠的資本去進行有規模的投資了。」

李佛摩扣動了扳機，用唯一的一顆子彈為自己射中了金蘋果。他的六週潛伏最

終化為2天的一擊，為他贏得了起死回生的資本——5萬美元。

為什麼李佛摩看好的是伯利恒鋼鐵公司的股票而不是當時的翹楚美國鋼鐵公司呢？前者無論在規模和產能上與後者均無法相提並論。

伯利恒鋼鐵公司和美國鋼鐵公司這兩家公司從一九一二年三季度至一九一四年三季度的純利潤，你若用對數坐標加以計算後會發現，期間伯利恒公司的每股盈利從6.5美元飛升至28美元，也就是說兩年內公司純利潤加速上升400％以上，但股價始終維持在40～50美元小幅震盪。其原因不是公司的盈利問題，而是美國在一次大戰前夕的4年中處於經濟循環的蕭條中，市場低迷的人氣大大地壓制了該股應該展開的大牛走勢。而同期美國鋼鐵公司雖然盈利也上升，但由於為大型企業，總利潤被股本攤薄後的盈利加速度，無法與屬中型成長股的伯利恒鋼鐵公司抗衡。

一九一九年，為當時的美國經濟危機頭痛不已的威爾森總統邀請傑西．李佛摩到白宮，請他將自己的棉花期貨平倉以救國急。

一九二九年10月，一場至今令人回想起仍然膽寒的「美國大蕭條」，將傑西．李佛摩推向榮譽之巔。他在位於紐約第5大道的Heckscher大廈頂樓、擁有私人電梯的豪華交易室裡，指揮幾十處分倉下單，大肆做空，輕鬆將1億美元攬入懷中，而當時美國稅務總局的全年稅收所得還不到42億美元。

「華爾街巨熊」成為了傑西．李佛摩的名號。

那些對傑西．李佛摩的憎惡的人，甚至認為一九二九年危機由他所致。

與傑西．李佛摩同時代的技術派交易大師威廉．江恩承認他在交易上的「偉大」同時，也指責他「貪婪地追逐金融資本的利潤，一旦成功獲取了巨額利潤又忘乎所以並大肆揮霍」。

傑西．李佛摩前後橫行華爾街35年，風光無限，但真正走向成熟，是在伯利恒鋼鐵股一戰後。此後，李佛摩再也沒有與任何人在公開場合談論過股票，他對來自市場的任何質問均保持沉默。任何人想要進入他在Heckscher 大廈辦公室都難如登天，Heckscher 大廈管理處也從不承認有李佛摩這個房客在這裡辦公。

每年年底，李佛摩會把自己關進曼哈頓銀行金庫裡三天，反思當年交易的得失——與身旁幾千萬美元現鈔相比，那一年來每一筆交易記錄，才是他專注的。但這些人們並不知曉，人們只知道當他從金庫出來時，他的口袋和包裡裝滿現金。

一九三九年末，在兒子的勸說下，李佛摩終於開始將自己從數次得失中總結出來的交易秘笈，落筆成書。這本名為《股票大作手操盤術》的書，在一九四〇年3月正式出版上市。

20年後，那本40年前以他為原型的財經小說《股票作手回憶錄》一書風行華爾

街，當代投資大師威廉・歐奈爾甚至要花上50美元才能買到一本；至今這本書仍是當代最頂尖交易者的投資聖經，「債券天王」比爾・格羅斯曾說，每當自己困惑便時時翻讀，竟能事事獲解，以至破卷。

## 傑西・李佛摩的交易策略

這位隱逸天才的那些富有革命性的交易策略，今天的人們仍然在使用。傑西・李佛摩的交易策略是在自己多年的股票交易經歷中逐步形成的。其中最重要的一些策略如下：

1・傑西・李佛摩的交易系統的精華，是以研究大盤趨勢為基礎。一定要等到大盤上漲時，才開始買進，或者在大盤下跌時，才開始放空。李佛摩說世界上最強、最真實的朋友，那就是大盤趨勢。當市場猶豫不決或是上下振盪的時候，李佛摩總是待在場外。李佛摩不遺餘力地一再重複這些原則：一廂情願的想法必須徹底消除；假如你不放過每一個交易日，天天投機，你就不可能成功；每年僅有寥寥可數的幾次機會，可能只有四五次，只有這些時機，才可以允許自己下場開立頭寸；在上述時機之外的空檔裡，你應該讓市場逐步醞釀下一場大幅運動。

2. 操作時一定要追隨領頭羊，其他股票何去何從用不著考慮。你關注的重點應該是那些領頭行業和強勢行業中的股票。領頭羊股票的一個重要特徵是突破阻力區域、率先創造新的最高價格。要保持思想的靈活性，記住，今天的領頭羊也許不是兩年之後的領頭羊。正如婦女的衣服、帽子、人造珠寶的時尚總是隨著時間的推移而變化，股票市場也不斷拋棄過去的領頭羊，新領頭羊取代了舊領頭羊的位置。以前牛市中的領頭羊股票很難成為新的牛市中的領頭羊股票，這是很有道理的，因為經濟和商業情況的變化將產生更大預期利潤的新的交易機會。

3. 避免購買那些低價的股票。大筆的利潤是在大的價格起伏中獲得的，它通常不會來自那些低價的股票。

4. 堅決執行向上的金字塔買入原則。請記住，股票永遠不會太高，高到讓你不能開始買進，也不會低到不能開始賣出。但是在第一筆交易後，除非第一筆出現利潤，否則別做第二筆。李佛摩說，如果你的頭筆交易已經處於虧損狀態，就絕不要繼續跟時，絕不要攤低虧損的頭寸。一定要把這個想法深深地刻在你的腦子裡。只有當股價不斷上漲的情況下，才繼續購買更多的股份。如果是向下放空，只有股價符合預計向下走時，才一路加碼。

李佛摩喜歡做空那些價格創新低的股票。

5．堅決執行止損規則。把自己的首次損失控制在10％以內。他說，確保投機事業持續下去的唯一抉擇是，小心守護自己的資本賬戶，決不允許虧損大到足以威脅未來操作的程度，留得青山在，不怕沒柴燒。

6．賺大錢不是靠個股價起伏，而是靠主要波動，也就是說不靠解盤，而靠評估整個市場和市場趨勢。能夠同時判斷正確又堅持不動的人很罕見，李佛摩發現這是最難學習的一件事。但股票作手只有確實瞭解這一點之後，他才能夠賺大錢。

李佛摩在進行大倉位操作前，一定會先用小資本測試市場的強度到底多頭還是空頭一方，這種測試的成本最終會告知你市場的大方向。任何資本市場，包括股市、期市和匯市，都是由市場重心決定大波動趨勢的方向，這在李佛摩之前沒有人去加以系統化理解。

傑西．李佛摩對金融市場最偉大的貢獻，就是他是利用測試市場重心來理解大趨勢變化的第一人。所謂市場重心，並非指權重股對市場波動的牽制，而是領導股（板塊）對資本市場前瞻性的主導。

# 4・垃圾債券之王：邁克爾・米爾肯

從垃圾中找黃金的男人，20世紀80年代，邁克爾・米爾肯一度在美國金融界呼風喚雨，他在美國華爾街的地位舉足輕重、無人能及。邁克爾・米爾肯與眾不同的是：他是從其他人願意接觸的垃圾債券中「淘」得了巨大財富。

一九四六年，邁克爾・米爾肯出生於美國加州一個中產階級家庭，他從小就對數字有興趣，心算能力超人。一九六八年，米爾肯從加州大學伯克利分校商業管理專業畢業後進入費城大學沃頓商學院學習，一九七〇年以全優的成績獲得MBA學位。同年，他進入費城的德雷賽爾投資公司做分析師。

邁克爾・米爾肯還是在學生時代就已注意到一個現象：傳統的華爾街投資者在選擇貸款或投資對象時，只關注過去業績優良的藍籌企業，而對那些暫時收益不好、但具有巨大潛力的公司卻視而不見。

米爾肯通過對歷史數據的研究發現：一個多樣化的長期低級別債券組合，不僅

會帶來更高的回報，而且沒有太大的風險。

米爾肯之所以選擇從不被別人看好的垃圾債券中掘金子，是因為他注意到的另一個被華爾街的分析師與交易員們所忽視的地方：自二戰結束後，美國政府逐步完善了許多監管措施用以保護投資者不會因為企業破產或拖欠債務而遭受損失。也就是說，無論他投資的企業是否破產或存在嚴重的債務問題，他的投資都不會有損失。而投資垃圾債券所需要的投資金額並不需要多少。這樣的有利可圖且不會賠掉本金的投資對於米爾肯來說，無異於是一個別人無視的金礦在等著他去掘取。

一九七四年，美國的通貨膨脹率和失業率不斷攀升，信用嚴重緊縮，許多基金公司的高回報債券都被債券評級機構降低了信用等級，淪為垃圾債券。

在投資者眼中，投資這種低等級、高收益的垃圾債券的風險很大，有可能血本無歸。許多基金公司都急於將手中的垃圾債券出手，而米爾卻逆市買進這些債券。

在分析師米爾肯看來，缺乏流動性是垃圾債券的唯一問題。米爾肯做了大量的研究，也瞭解了有關發行公司的經營情況，如償還債券的能力，然後決定債券的價值，尋找潛在的盈利前景。

與此同時，米爾肯向他的客戶推廣他的投資理論，遊說他們投資他所看中的垃圾債券。隨著接受了他的理論的投資者的增加，購買他所推薦的垃圾債券的投資者也越來越多，米爾肯管理的債券交易所獲利潤從也開始時占公司總利潤的35%發展到一九七五年的接近100%。

一九七七年，米爾肯已成為了華爾街公認的在低等級、高收益債券的市場方面的超級專家。到了20世紀70年代末期，由於垃圾債券的數量已變得有限，已經無法滿足眾多投資者的購買欲望。而這一時期美國的金融市場也逐漸穩定下來，垃圾債券的巨大獲利空間消失了。

如何才能繼續從垃圾債券中獲得巨大的利潤呢？

米爾肯的解決的方案是：與其坐等那些擁有垃圾債券的公司信譽滑下坡，信用降級，不如自己去找一些正在發展的公司，若放債給它們，它們的信用同那些高收益債券的公司差不多，但正處在發展階段，債券質量比那種效益下滑、拼命減虧的公司的債券好得多。

一項新的投資思路就這樣形成了──「創建高收益債券包銷市場」。

很快，邁克爾．米爾肯就成為替新興公司包銷高收益債券的財神爺。

他與MCI公司（美國微波通訊公司）的合作堪稱經典之作。

MCI公司創立於一九六三年，僅靠三千美元起家，當MCI向世界上最大的電信公司──美國電報電話公司（AT&T）發出挑戰的時候，米爾肯為MCI包銷的垃圾債券籌得20億美元，MCI能夠成功地從AT&T對長途電話市場的壟斷中撕開一個口子提供所需的資金。

從一九七七年到一九八七年，米爾肯通過包銷垃圾債券籌集到了930億美元，德雷賽爾投資公司在垃圾債券市場上的份額也增長到了兩千億美元。

當20世紀80年代到來時，米爾肯對垃圾債券的操作開始轉向兼併與收購，他的這一動作使得許多美國大企業的老闆們不寒而慄。

利用垃圾債券為兼併企業提供資金，銀行家們並不需要根據借款人擁有多少資產來發放貸款，而是看將被其所要兼併的對象擁有多少財產，以被兼併對象的資產作為兼併者以後償還資金的保證。這種蛇吞象的兼併方式怎能不使得那些大企業的老闆們緊張呢？

借債來兼併企業並不是米爾肯的發明，但是他提供的垃圾債券對企業兼併熱潮所起到的巨大推動作用卻是前所未有的。這樣一來，想要擴張的企業完全不需要費心費力去和銀行或投資人談判就能獲得兼併其他企業所需要的資金。

觀察家們在日後分析評論時不得不說：沒有垃圾債券就不可能有20世紀80年代席捲全美國的「企業買賣熱」。「垃圾債券大王」的稱號自然也非邁克爾．米爾肯莫屬了。

一九八四年12月，「垃圾債券大王」的稱號策劃了使他名聲大振的皮根斯襲擊海灣石油公司的標購事件。標購雖因海灣石油公司轉頭與標準石油公司合併而未獲成功，卻證明了「垃圾債券大王」的稱號確實有在數天之內就能籌集數十億美元，甚至上百億美元的能力。

20世紀的80年代後期，不斷有人向政府職能部門及法院和媒體聲稱米爾肯違法經營，而不明就裡的公眾在這些信息的衝擊下與政府官員的研判驚人的一致：米爾肯的年收入竟然超過證券交易委員會的預算，他怎麼可能是清白的？執法者們要在米爾肯每年幾千億美元的交易中找到一點漏洞，是再容易不過的事情。

一九八六年5月12日，美國司法部於逮捕了米爾肯的一位投資銀行家，指控其涉嫌內幕交易。隨後，司法部開始正面接觸米爾肯，一九八六年11月，米爾肯接到了法院的傳票。一九八九年3月，米爾肯和他的弟弟因有關證券欺詐的98條罪狀而被起訴。

一九九〇年4月20日，米爾肯認罪，同意檢察官提出的沒有先例的6項罪名（掩蓋股票頭寸、幫助委託人逃稅、掩藏會計記錄等）的指控。但這些罪名沒有一種是跟內部交易、操縱股價以及受賄有關。

米爾肯的罪名是前所未有的，他因此被判處10年監禁，賠償和罰款11億美元

（其中罰款2億美元、賠償金額5億美元、向政府補繳稅款4億美元），並禁止他再從事證券業。

一九九三年，米爾肯在入獄22個月後被提前釋放，隨後他又被確診患上了前列腺癌，醫生診斷其生命將不超過兩年。

在治療癌症的過程中，米爾肯發現癌症研究領域由於缺乏資金而沒有多少科學家肯費精力去深入研究。於是，米爾肯建立了專門的前列腺癌基金會，贊助前列腺癌的研究工作，目前該基金會已成為世界上最大的前列腺癌研究私人贊助機構。

同時，米爾肯還和朋友一起出資5億美元投資教育服務業，創建了知識寰宇公司。到一九九七年，該公司的產值就從一千七百萬美元猛增至八千萬美元。

經過收購和聯合其他企業，知識寰宇公司旗下已有13家企業，年產值超過了15億美元。米爾肯也再次成為了教育產業的巨頭。

邁克爾·米爾肯對於美國的證券金融業發展史的影響是巨大的，他從垃圾債券中「淘」出巨大財富的方式顛覆了華爾街的傳統。他身患癌症被斷言只能再活兩年，卻一直活到現在，並且在教育產業領域創造了新的奇蹟。

他被稱為是繼約翰·摩根以來美國金融界最有影響力的金融思想家，被《生活》雜誌評選為——「改變了八〇年代的五位人士之一。」

# 5．投資的「多面手」巴魯克大師

從事金融投資學習和工作的人沒有理由不知道巴魯克學院（Baruch Coege），但是，作為非金融投資方面的你卻可能不知道。巴魯克學院是紐約市立大學一個學院，該學院以金融投資課程著稱於世。這個學院之所以在金融界名聲顯赫，其實與華爾街傳奇人物猶太人伯納德．曼恩斯．巴魯克有著莫大的關係，沒錯！巴魯克學院係伯納德．曼恩斯．巴魯克所創立。但是，如果你要稱巴魯克為巴魯克學院院長，那你就錯了，巴魯克更願意你稱他為：投資家。

已故的伯納德．曼恩斯．巴魯克（一八七〇～一九六五）作為美國金融家，他還被人們稱為「投機大師」、「獨狼」、「總統顧問」、「公園長椅政治家」等名號。然而，人們更願意稱他為「在股市大崩潰前逃出的人」。

伯納德．曼恩斯．巴魯克是一位白手起家的百萬富翁，也是一位具有傳奇色彩的股票交易商，同時還是一位通曉商業風險的資本家，最重要的是他是一位曾經征

服了華爾街的最著名、最受人敬慕的人物。20世紀上半葉，這位德國後裔是美國股市和政壇上叱吒風雲的人物。如果你知道煙草大王杜克，那你不能不知道巴魯克；如果說到古根漢、摩根，你更需要知道伯納德．巴魯克。

我們這就告訴你的這位傳奇人物是如何成為投機大師的。

伯納德．巴魯克一八七〇年生於美國南卡羅來納的坎登鎮，一八八九年，巴魯克進入華爾街股票經紀行作為小夥計開始學習風險投資，週薪3美元，但是，他很快就成為了一名出色的投資人。

伯納德．巴魯克進入華爾街後的第7年，道瓊工業指數才於一八九六年5月26日以**40.94**點創立，並於同年8月8日一下子跌到了24.48點，這是華爾街股市歷史記載的最低點，但三年以後的一八九九年夏天又上升兩倍到了77點。所以，在華爾街每一筆財富的獲取都不是一帆風順的。因為預測股票的走勢很容易出差錯。有時你過早地購進了，有時又太晚地售出，有時儘管你做出了正確的判斷，但很可能趕上倒楣運而錯失良機。

巴魯克早年做的是倫敦和紐約市場之間的套利。由於當時戰事頻繁，利用戰爭間隙股票市場的波動來賺取利益，鍛煉了巴魯克的判斷力和迅速反應能力。

一八九七年，年輕的巴魯克創造了他人生的第一個奇蹟。那年的春天，在華爾街股市上的美國製糖公司的股票開始暴跌，陷入悲觀情緒的人們開始瘋狂地拋售。人們之所以拋售是因為當時的美國國會中的參議院正在討論一項降低外國糖進口稅的提案，同時，美國國會中的眾議院也正在進行類似的立法程序。參議院的一舉一動時刻牽動著股市的漲跌。但巴魯克堅信參議院通不過這項提案，他認為西方的甜菜種植主們和華爾街一樣希望通過關稅保護來獲得更大的利潤。於是，他用三百美元為訂金，購入了三千美元股票。後來，一如巴魯克所料，美國國會中的參議院否決了這項提案。消息一經傳出，美國製糖公司的股票隨即連續暴漲。僅僅三百美元，就讓巴魯克賺了六萬美元。

一八九八年，伯納德．巴魯克的投機才幹再次讓華爾街感到震驚。

一八九八年7月3日，正在新澤西州朗布蘭奇陪妻子和家人共度週末的巴魯克從老闆豪斯曼處得知西班牙艦隊在聖地亞哥已經被美國海軍殲滅，美軍已經取得了美西戰爭的決定性勝利。巴魯克立刻意識到，這一勝利意味著戰爭即將要結束了，美國的金融市場將隨之反彈，甚至還有可能出現強勁勢頭。而第二天就是7月4日——美國國慶日。紐約證券交易所將會按照慣例停業一天，但是，不屬美國領土的倫敦的證券交易所會正常營業。此時如果在倫敦低價購進股票，然後在紐約高價拋出，中間的差額利潤將是可觀的。

可問題是，他如何才能在第二天倫敦證券交易所敲鐘開盤之前趕到位於紐約的辦公室。由於時差，倫敦證券交易所開盤時，紐約才剛凌晨5點鐘。由於美國國慶日，新澤西州朗布蘭奇前一天就已沒有到紐約的通勤火車，於是，他索性租了一列專車連夜向紐約狂奔，最終在天亮時趕回他的辦公室。巴魯克趕到辦公室的第一件事自然是向倫敦發出了大量吃進股票的電傳。第二天，因為相信和平將帶來好運，證券交易所的股票開始紛紛上漲，巴魯克讓老闆和自己都穩穩地賺了一大筆。

從一八九七年到一九〇〇年短短三年的時間裡，巴魯克的個人資產上升到了一百萬美元，而他剛入行時只是一個一文不名的窮小子。在如此短的時間內，他就賺取了上百萬美元的資產。而與此相關的卻是，為獲得這些財富，巴魯克表現出了他兼容並蓄、不拘一格的投資手段。如今在華爾街打拼的投資者，幾乎每一個人都是某一領域的高手，或是經紀專家，或是風險投資家，或是場內交易人、投資銀行家。而巴魯克這位傑出的猶太人，卻能在短短的時間裡將所有角色集中於一身，成為投資的「多面手」。

### 伯納德・巴魯克如何選擇客戶

伯納德・巴魯克提出應該注意投資對象的三個方面：第一，它要擁有真實的資產；第二，它最好有經營的特許優勢，這樣可以減低競爭，其產品或服務的出路比較有保證；第三，也是最重要的，是投資對象的管理能力。

如果你想知道伯納德．巴魯克能給你怎樣的幫助，以下的話你需要牢記——

**寧肯投資一家沒什麼資金、但管理良好的公司，**
**也別去碰一家資金充裕、但管理糟糕的公司的股票。**

伯納德．巴魯克也相當注意對風險的控制。他認為必須經常在手裡保留一定的現金；建議投資者每隔一段時間必須重新評估自己的投資，看一看情況變化後股價是否還能達到原來的預期。他又提醒投資者要學會止損：犯錯勢在難免，失誤後唯一的選擇便是要在最短時間內止損。

巴魯克對所謂的超額回報並不以為然，他告誡不要試圖買在底部、賣在頂部。他說：「誰要是說自己總能夠抄底逃頂，那一定是在撒謊。」他也提醒投資者要謹防所謂內幕消息或者道聽途說，投資的錯誤往往由此而鑄成。因此也有人為巴魯克叫屈，認為他之所以被列為「投機大師」是一項大誤解，可能是其貌似孤注一擲的獨特風格吧！

## 伯納德．巴魯克永遠逆流

「群眾永遠是錯的」是伯納德．巴魯克投資哲學的第一要義。他很多關於投資的深刻認識都是從這一基本原理衍生而來的。比如，巴魯克主張一個非常簡單的標準，來鑒別何時算是應該買入的低價和該賣出的高位：當人們都為股市歡呼時，你就得果斷賣出，別管它還會不會繼續漲；當股票便宜到沒人想要的時候，你應該敢於買進，不要管它是否還會再下跌。人們常常驚異巴魯克的判斷力，能把握稍縱即逝的機會。

他認為，股票市場的任何所謂「真實情況」無不是透過人們的情緒波動來間接地傳達的；在任何短時期裡，股票價格上升或者下降主要都不是因為客觀的、非人為的經濟力量或形勢和局面的改變，而因為人們對發生的事情所做出的反應。所以他提醒大家，判斷力的基礎是瞭解，假如你瞭解了所有的事實，你的判斷就是對的，反之，你的判斷就是錯的。在對大眾的心理的認識方面，巴菲特和巴魯克如出一轍。巴菲特不也常說在大眾貪婪時你要縮手，在大眾恐懼時你要進取嗎？二位大師在投資理念上還有許多相似之處。

巴魯克的投資方法更加靈活多變，他提倡堅決止損。他說投資者如果有止損的意識，即使每十次只做對三四次的話，也會成為大富翁。他叮囑投資者要有兩手準備，以便隨時轉身離場。巴菲特似乎更持重守拙，對於已制定的投資計劃輕易不做更改，他說：「如果你不能在股價跌去一半後，仍能從容不迫地執行計劃，那你是不適合做股票投資的。」能做到這一點，則在於巴菲特慎之又慎的選股方式。如此看來，巴菲特像是位內力深厚的太極高手，而巴魯克更像個一劍封喉的劍客。

## 伯納德．巴魯克不信消息

被伯納德．巴魯克奉為真理的觀點之一，就是任何人都不可能完全掌握所有行業的投資要領。所以，最佳的投資途徑就是找到自己最瞭解和最熟悉的行業，然後把所有的精力都投入進去。對巴魯克而言，他坦承自己一直沒能掌握農產品的投資訣竅。他曾經不無沮喪地說：「在我看來，只要我對某種農產品進行投資，該種產品就會變得越來越不值錢。」巴魯克對農產品進行投資最慘痛的打擊是一次咖啡的買賣。他聽信了一位權威關於咖啡將大量減產的預測，大量吃進咖啡。然而，市場的狀況恰恰與這位權威的預測相反，當年的咖啡產量超過了以往的各個年度。儘管政府出面採取措施來維護咖啡價格，但市場上咖啡價格還是持續下跌。

最終，巴魯克忍痛把手上的咖啡如數抛出，總共損失了七八十萬美元。他不得

不承認自己這次失敗的原因，完全是由於盲目聽信了那位權威的話，而沒有對變化的市場加以分析。這次經歷讓巴魯克終生難忘，直到他後來，他還心有餘悸地說：「關於內部消息的一些事，看起來會麻痺人的推理能力，使他對最顯然的事實也不理不顧。」

## 伯納德．巴魯克投機秘笈

1．**判斷**：不要放過任何一個細節——沉思片刻。千萬不要讓自己希望發生的事情影響自己的判斷。

2．**勇氣**：不要過高估計當一切都於你不利時，你可能具有的勇氣。

3．**敏捷**：善於發現一切可能改變形勢的因素，以及可能影響輿論的因素。

4．**謹慎**：隨和些，否則難以做到謹慎。股市於你有利時，就更要謙虛。當自己認為價格已經達到最低點便著手買進，這不是謹慎的行為；最好再等等看，晚些買也不遲。執意等到價格升至最高點再賣出，這也不是謹慎行為——快一步脫手大概更安全。

5．**靈活**：將所有客觀事實和自己的主觀看法綜合起來考慮、再考慮。必須徹底摒棄固執己見的態度——或是「自以為是」。執意在某個時間段內賺進某個數額的想法會完全破壞你自己的靈活性。一旦決定、立刻行動——不要等待、觀望股市會怎樣。

6．自立：必須有獨立思考的能力。切忌情緒化，去除一切可能導致非理智行為的環境因素。幾乎每個人都難以逃脫被自己的情緒所控制：他們要麼過於樂觀、要麼過於悲觀。當你掌握了客觀事實及形成自己的觀點之後，請靜觀潮流。

你該知道市場應該發生什麼事，但不要將它誤認為是市場會發生什麼。公眾對股市介入得越多，其力量越大。不要試圖同大夥兒對著幹，亦不要站得太靠前。如果是牛市當然不要賣空，可是，如果有逆轉的可能或者手握股票令你煩憂不已，便不可久留；反之亦然。

股市發生恐慌時，最好的股票也不要指望能賣出合理的價格。密切注意所有令公眾鼓舞或驚恐的事。股價爬升時，全面考慮會令它爬得更高的情況，相反的可能當然也要想到，勿忘歷史。當股價下落時，也是同樣的道理。注意主流，但無須太多的同伴。

「停止虧損，讓盈利繼續。」總之，動作要快。如果做不到這一點，請減少介

入。另外，一旦心有疑慮，也請減少介入。下定決心之後應該立即行動，此時便無須顧及市場的反應了。儘管如此，制訂計劃時，你必須不時地考慮市場的動向。

在充分瞭解過去狀況及全面掌握眼前形勢的情況下，將兩者加以比較。心理上為一切障礙做好準備，行動過激永遠帶來反應過激。

不可預知的成分：要考慮到「機會」的因素，並隨時為此做好財政上、精神上以及體力上的準備。

# 6．你是會賺錢的人嗎？

**1．很聰明的人**

你必須知道的是：讀書學習好與壞與做生意賺錢完全是兩碼事。書讀得好，生意不一定做得好，做生意需要頭腦靈活，想到就要做到的那股幹勁。

**2．辦事能力和辦事效率強的人**

發現並確定是你所需要的商機後，你要立即抓住並著手一步一個腳印地去做。

**3．不安於現狀，不斷努力的人**

即便你是一輩子捧著「鐵飯碗」的人，也永遠沒有賺大錢的機會，「夠用就好了，要那麼多錢幹嘛！」這句話，是那些賺不到錢的人聊以自慰的「名人名言」。

**4．真正受過窮的人。**

就像「貌不驚人」的男人一心一意地追求漂亮的女孩往往能獲得成功一樣，受窮的人因為感受到了貧窮的切膚之痛，而愈有賺錢的欲望和精神。

**5．有人生財富目標的人**

一個人單調地上下班，把固定的薪水存在銀行，年復一年，到頭來也攢不了很多錢。想賺大錢就要立志經商，而且目標也要水漲船高，選定10萬元、20萬元、100萬元為奮鬥目標。

**6．拋棄「面子」的人。**

想發財要不怕羞，當你在大街小巷推銷你的產品時不要怕被別人看不起。每一個推銷員，他的第一堂課就是「被拒絕」。

**7．勤奮好動的人**

多看、多想、多做、超越常理，出奇制勝，「鬼點子」越多越能賺錢。

**8．最能創新的人**

做生意第一要訣就是眼光獨到，想別人未想到的事，走在別人前面，讓別人在後面追。如果你發現一種商品很符合當地實情，判斷自己進回來一定暢銷，這是生意人掙錢的準則，等把市場鋪開了，別人跟風就晚了。

**9．很有自信的人**

無論做什麼事首先要有信心，相信自己是最優秀的，最棒的！這樣您就能把自己最大的潛能發揮出來。

**10．個性豪爽的人**

成功的企業家或商人都是爽快人，辦事豪爽，乾淨利落，不拖泥帶水。

**11．善於冒險果斷的人。**

有一個獨木橋的故事是這樣的：有一座獨木橋，橋對面有一片豐碩的果林，果實又大又好，膽大的人，憑膽量快速走過獨木橋，摘得很多的碩果，而膽小的人，膽小不敢過橋，而沒有摘得一枚碩果。

**12．善於學習總結的人**

在平時多與人交流，聽取別人的意見和想法，不斷總結，以豐富自己。

**13．能吃苦耐勞的人**

開始做生意的時候通常是一年三百六十五天都不能休息的，風裡來雨裡去，生活沒有規律，搬運貨物相當辛苦。但你要相信「天道酬勤」。

**14．不斷進取的人**

遇到挫折不屈不撓，哪裡摔倒了就在哪裡爬起來。例如：您做一次不成功，就做第二次、第三次……哪怕是做99次都不成功。第100次你成功了，那你這一生就是一個成功的人。

15．善於抓住機遇的人

在生活中，在你我的身邊往往有很多的商業機會，只是由於你的疏忽而讓機遇溜掉，或者是讓別人發現後實施了。新的商機並沒有就此遠離你，只要你平時生活中對周圍的事物多看、多想、多做，就會有發現。當然，如果你只是發現而不去抓住它，那你永遠也不會成為一個富有的人。

16．珍惜時間的人

「時間就是金錢」。賺錢靠的是珍惜時間，利用時間。天天早睡晚起做懶漢是賺不到更多財富的。

# 7．賺錢的八大定律

## 第1定律：只有少數的人賺錢

永遠是10％的人賺錢，就意味著有90％的人在賠錢（另一個說法是20／80法則）。這是市場的鐵律。不論你是在股市，還是你開公司、或是辦企業，這個鐵律都不會因為你從事的行業不同而有任何的改變。

設想一下：如果人人都賺錢的情況下，那麼誰在賠錢？沒有人賠錢的情況下，你賺到錢又從何處來呢？天下人不可能都是富人，也不可能都是窮人。然而，富人永遠是少數，窮人永遠是多數。誰也沒辦法讓所有的人都成為富翁。

但賺錢總是要有辦法的。你想要成為那10％的有錢人，首先要在觀念上要與他們同步，成功的路雖然不止一條，但是，成功的方法確實大同小異的。當然，行業不同、領域不同、方法不同、目標不同，結果自然也不同。你要成為你的所做的領

域的領頭羊而不是跟隨羊群的小綿羊，因為跟在後面的小綿羊被從後趕上來的大灰狼吃掉的機率遠遠高於領頭羊。而這個大灰狼就是那隻看不見的手——市場。

「富人思來年，窮人思眼前。」這就是賺錢第一定律！

### 第2定律：金錢遍地都是要賺錢很容易

為什麼他能賺錢，你卻不能賺錢。追根求源是你必須想賺錢——首先你要對錢有興趣，對錢有一個正確的認識，不然錢不會找你。

你必須對錢有濃厚的興趣。你喜歡錢，錢才能喜歡你。這可不是什麼拜金主義，而是金錢運行的內在規律。

金錢遍地都是，賺錢並不難。你必須確立這樣的觀念。如果你覺得賺錢很難，那麼賺錢真的很難。股市賺錢難嗎？不難，其實股市賺錢就六個字：「低點買，高點賣。」你只要用好這六個字，保你日進斗金，富得流油。

股神沃倫．巴菲特就是善用這六字真言的世界級大師。說句實話，用活六字真言，你可以像沃倫．巴菲特一樣不用看K線圖，不用盯著大盤，邊玩邊賺錢，這叫休閒貿易。當然，除非你有內幕消息，否則你最好離政策性股市遠些。

## 第3定律：最簡單的方法最賺錢

天下賺錢方法千千萬，但最簡單的方法最賺錢。雖說條條大路通羅馬，但萬宗歸一，簡單的才是最好的。

複雜的方法只能賺小錢，簡單的方法才能賺大錢，而且方法越簡單越賺大錢。比如，比爾．蓋茨只做操作系統軟體就做到了世界首富，沃倫．巴菲特專做股票，很快成為了億萬富翁，而喬治．索羅斯一心搞對沖基金，結果他是令人聞風喪膽的金融大鱷，而英國女作家羅琳40多歲才開始寫作，而且專寫哈利波特，最終她也成為了億萬富婆。

具體講，每個行業都有賺大錢的方法：在商品零售業，沃爾瑪始終堅持「天天平價」的經營理念，想方設法靠最低價取勝，結果做成了世界最大的倉儲式市場，在股市方面，沃倫．巴菲特一直堅持「如果一支股票我不想持有10年，那我根本就不碰它一下」的原則炒股。

在二戰結束後，美國品質大師戴明博士應邀到日本給松下、索尼、本田等許多家企業講課，他只講了最簡單的方法——「每天進步1％」，結果日本這些企業家真照著做了，並取得了奇效，可以說日本戰後經濟的崛起有戴明博士的功勞。炒股賺錢也有簡單的方法。現在大多數人炒股都是「不要把所有的雞蛋放在一個籃子裡」，實行「多樣化」，但沃倫．巴菲特告訴你「不要多樣化，要把所有的雞蛋放在一個籃子裡，然後密切關注它。」炒股其實真的就這麼簡單。

你知道，世界既沒有免費的午餐，也沒有天上掉下來的餡餅。你要研究賺錢，總結自己的簡單賺錢方法，然後堅持它，不要輕易改變。現在太多數人炒股太善變了，今天炒長線，明天炒短線，今天聽個消息就買，明天聽個消息就賣，結果六心不定，輸得乾乾淨淨。這個教訓要牢記。

## 第4定律：賺大錢一定要有目標

雖然，賺錢的方法因人而異，各不相同，但有，一點是相同的：你要賺錢一定要有目標。成功的道路是由無數個目標鋪成的。沒有目標的人是在為有目標的人完成目標的。有大目標的人賺大錢，有小目標的人賺小錢，沒有目標的人永遠為衣食發愁。你是哪類人？

要賺錢，你必須有賺錢的野心。野心是什麼？野心就是目標，就是理想，就是夢想，就是企圖，就是行動的動力。

有野心不是壞事，有野心才有動力、有辦法、有行動。

賺錢的野心要越大越好，這不是教你幹壞事，幹壞事的野心要越小越好。

從現在開始，你要立即「做夢」，當一個野心家，設定賺錢的大目標：終生目標，10年目標，5年目標，3年目標，以及年度目標。然後制定具體計劃，開始果敢的行動力。

萬事開頭難，有目標就不難，創富是從制定目標開始的。天下沒有不賺錢的行業，沒有不賺錢的方法，只有不賺錢的人。

## 第5定律：一定要用腦子賺錢

在財富時代，你一定要用腦子賺錢。

你見過誰用四肢賺了大錢的？一些運動員賺錢不少，但是邁克・喬丹說：「我不是用四肢打球，而是用腦子打球。」

用四肢不用腦子只能是別人的工具，是別人大腦的奴隸，是賺不了大錢的。

用四肢只能賺小錢，用腦子才能賺大錢。

愛因斯坦說過：「想像力比知識更重要。」

人類如果沒有想像力就如同猿猴和黑猩猩。

賺錢始於想法，富翁的錢都是「想」出來的！

想當初，比爾．蓋茨怎麼就會做軟體，怎麼就會搞windows，因為他想到了，正如他自己說的「我眼光好。」韓裔日人第三代軟銀集團的創始人孫正義在美國讀書時沒錢就發明翻譯機，一下賣了一百萬美元，後來開辦軟體銀行。

現在有的人確實靠嘴巴賺了錢，但他說話之前首先必須想好說什麼。也有些人企圖靠耳朵賺錢，自己不動腦，到處打聽消息，特別在股市裡，今天聽個內幕消息就買，明天聽個小道消息就賣，跟風頭，隨大流，最後被套賠錢，現在大多數股民都這樣，不知道自己的腦子是幹什麼的。

世界上所有富翁都是最會用腦子賺錢的，你就是把他變成窮光蛋，他很快又是富翁，因為他會用腦。洛克菲勒曾說：「如果把我所有財產都搶走，並將我扔到沙漠上，只要有一支駝隊經過，我很快就會富起來。」

## 第6定律：要賺大錢一定要敢於行動

不行動你不可能賺錢，不敢行動你賺不了大錢。敢想還要敢幹，不敢冒險只能小打小鬧，賺個小錢。

當年比爾．蓋茨放棄哈佛大學，白手起家創辦了他的微軟公司。美國最年輕的億萬富翁邁克．戴爾在大學讀書時就組裝電腦賣，感到不過癮便開辦電腦公司。

甲骨文公司老闆埃里森不僅放棄哈佛學業，賺取260億美金，還回到哈佛演講，鼓動哈佛的學生退學，結果被哈佛校警給拖下了講壇。他們之所以有今天的業績，就在於他們當初敢於冒險，敢於行動。

## 第7定律：想賺大錢一定要學習賺錢

你學過賺錢嗎？絕大多數人沒有，所以絕大多數人還不會賺錢。我們在小學沒學過賺錢，在中學沒學過賺錢，在大學還是沒學過賺錢，就連金融、財經類的大學也學不到真正賺錢的知識。

人非生而知之，誰天生就會賺錢？財商和智商不同，智商有天生的成份，而財商100％需要後天學習提高。孫正義、李嘉誠等所有大富翁，都不是一生下來就會賺錢，但他們都有兩個共同特點：一是有強烈的賺錢企圖心，二是有很強的學習力，正是由於他們善於學習賺錢，所以他們超越常人，登上財富巔峰。

真正白手起家的富豪，學歷不一定高，但一定很有智慧，他們是最善於學習賺錢的一族，他們都有學習賺錢的不凡歷程，他們通過學習摸到了賺錢的規律，掌握了賺錢門道，執掌了賺錢的牛耳，成為財富英雄。

真正的賺錢者，都是閱讀者。你想當富翁嗎？你想跨入財富英雄行列嗎？那你

就趕快學習賺錢：讀賺錢書報、聽賺錢講座、向財富精英學習、向身邊高人請教等等。比如，炒股你要學習沃倫．巴菲特，尤其學他簡單的投資理念。創業你要學習孫正義，他在兩年之內讀了四千本書。還有李嘉誠，他為了創業專門到別的公司打工偷藝。向成功者學，像成功者那樣幹，增長你的智慧，提高你的財商，總結賺錢的秘笈，很快你就會成為真正的富人。

## 第8定律：賺大錢一定要選擇

在30多年前，美國一個17歲少年，一頭亂髮，一身髒衣，戴著一副高度近視眼鏡，但他竟選擇了編寫軟體，創辦軟體公司，正是由於這一選擇，才有今天的微軟和今天的比爾．蓋茨。

亞洲首富孫正義19歲開始創業，一年之內制定了40個創業計劃，但他只選擇其中一個最好的計劃——開辦軟體銀行，由此登上了他財富的頂端。

在市場多樣化和市場越來越細分的時代，只有選擇才能成功。沃爾瑪只選擇做商品零售，可口可樂只賣飲料，肯德基、麥當勞只賣漢堡和可樂與奶茶及咖啡，日本的松下、索尼、三洋只做電器。

你要創業，你選擇什麼？根據多年對世界財富精英的分析，富豪們大多涉獵股票和地產。據說美國和歐洲60％以上的人投資股票。

炒股也需要選擇，例如選擇什麼投資理念和原則，選擇長線還是短線，選擇什麼股票，是組合投資還是專一投資。

現在許多人熱衷炒短線，在股市頻繁進出，頻繁換股，一年到頭忙忙碌碌，很像操盤高手，結果不僅賺不到錢，還深套其中，既辛苦又心酸。

炒股一定要專一，就像對老婆一樣。中外股市大贏家很少是短線高手，大多是長線老牛，沃倫·巴菲特是其中最著名的。他告訴我們：「如果一支股票我不想持有10年，我就根本不碰它一下！」以及「不要多樣化，要把所有雞蛋放到同一個籃子裡，然後密切關注它。」

# 8．成為有錢人的25種實用方法

1．**做你真正感興趣的事**——如果你從事一份你不喜歡的工作，你會花很多時間在上面嗎？答案顯然是否定的。而你若從事的是自己所喜歡的工作，你自然會將你的身心投入其中，並最終從中獲益與獲利。當然，如果你只是從事一成不變的打工族或在生產流水線上從事低技術性的工作，無論你怎麼熱愛你這份工作，你也很難從中獲益和獲利。也就是說，你得從事一份你感興趣的同時又可以使你不遠的將來可以獲益與獲利的工作。

2．**自己當老闆**——為別人打工，你絕不會變成巨富，老闆多數是很摳門的，他們中的多數人是希望你不但不從他／她那裡領取工資而是給他／她發薪水，如果你和你的同事願意給他／她買或租賃辦公場地、支付辦公費用的話，他們才開心呢。當然，沒有那個打工的人會傻到傾家蕩產做這些蠢事。而那些老闆當然也只是想想。但是，在人力成本方面那些老闆想方設法克扣或拖欠員工薪水的事兒多如牛毛。他們的愚蠢必然使得你無法通過你辛勤的勞動而致富，即便你是一個掌握了高端技術和工作能力非常強大的人。即便他們不克扣你的工資，他們也沒義務讓他們的員工變成有錢人。

3．**能提供一種有實效的服務或一種實際的產品**——如果你不是名門之後或有一個商業機構炒作你，那麼，你想以寫作、繪畫或作曲之類的工作成為富翁的機率可以說是無窮小，但是，如果你是從事製造業、房地產業、醫院或娛樂業方面的事業，那你成為富翁的機率就大多了。當然，從事這些意味著你必須有足夠的錢，至於這些錢從何而來，你得自己想辦法。一般人自然很難通過繼承遺產的方式來獲得一筆可觀的財富來作為你從事上述能賺到大錢的行業所需的資本金。而你一文不名只會寫作的話，那你要記住的是：出版商賺的錢比身為作家的你多得多。

4．**能了解自己天分的人**——如果你是一個才華橫溢而又思維敏捷且很快就能迸出幾個好點子的人，應該沒有比娛樂業更適合你了。而在這方面你獲得可觀的財富不僅機率大而且速度也相當快。如果你不僅會寫歌詞、填曲而且還能唱得打動別人，如果在音樂界剛好有伯樂賞識你且不會對你施以潛規則，那麼，你成功地獲得名利的時間顯然要比你想要從事房地產業、製造業、出版業等方面的事業要容易和快捷得多。

5．**能引人注目的人**——無論你是一個演員還是一個商人，你都需要盡可能多地吸引你的群眾。我們都知道一個在小咖啡館唱歌的人，他/她所能從中賺到的錢是比不上那些在大唱片公司灌製唱片的人的。而在一個小地方經商的人自然也不會比在全國方面內經商人賺得錢多。

6．**能找出一種人類的需要的人**——而後用你的聰明才智去滿足人類的這種需要的同時你也能從中獲得可觀的財富。眾所周知，社會的多元化，人類對生活品質的與相應的產品及服務的需要越來越多和越來越複雜，而最先發現這些需求而且滿足他們的人其實並不是大發明家，而更多的是改進現有產品和服務的人，他們也是最先成為富翁的人。比如：著名的汽車製造商美國福特汽車公司的創始人亨利．福特。他不僅僅成為了最先富起來的人，而且他的福特汽車公司的資產至今仍然是富可敵國。

7．**勇於創新**——通過你的新方法創造適合人類需要的和市場需要新產品，就有獲得新的財富的大好機會。但是，你必須確定你的新方法比舊方法更理想，你的新方法必須能使得你的產品外觀、生產效率和品質及方便性或者可以降低你的客戶的成本。

8．**如果你受過專業教育或者有特殊才能，你應該充分利用它**——如果你做得一手好菜可卻跑去做泥瓦匠——你怎麼能成為富翁？除非你是房產商或包工頭。

9．**在你著手做任何事情之前，你應當先仔細地對周圍的情況加以研究**——在政府機關和公共圖書館裡，你都能獲得不少資料。如果你能做到調查研究在先，那確實可以節省你不少時間和金錢。

10．**不要總是想著要一夕之間成為暴富**——與其做黃粱美夢，不如醒著想想如何在你的事業上有所突破。如果你的事業進行順利，財富自然也就會緊隨而來。

11．**善用家族的力量**——如果你沒有遺產可以繼承或沒有投資人給你投資的話，那麼可能的話，你不妨考慮進行一項家庭事業。家庭事業的方法既可以減少費用，也因為是家庭成員作為員工和管理層，所以同心協力很容易，而利潤的分配也很簡單，並且利潤部分也能夠得到充分的利用。

12．**降低成本，不是降低品質**——盡可能地降低你的生產成本並盡可能地減少你的其他費用，但是，千萬不要犧牲你的產品品質。你必須知道的是你的產品品質決定了你的企業的生命週期的長短。不要以為大家都在用假冒偽劣，你也應該跟著用假冒偽劣去騙錢。假冒偽劣產品不僅遭人恨，而且一旦被查處或曝光——你可就不只是損失了錢。可口可樂和耐吉公司以及其他跨國公司之所以能成為超級企業可不是因為他們生產銷售假冒偽劣產品賣給消費者。在可口可樂總公司就有五百人專門負責他們的企業形象，這還不包括可口可樂遍佈全球的幾百家特許裝瓶廠的公關人員。他們圍繞的一個中心就是質量。

13．**跟同行保持你們的友誼**——他們可能對你很有幫助。在全球經濟一體化的今天同行之間的合作是經常發生的事兒。這樣的例子比比皆是。眾所周知，美國通用汽車公司與美國福特汽車公司的競爭已經有近一百年的歷史了。在世界汽車市場上，這兩家汽車公司可算是冤家路窄、狹路相逢。但是，在20世紀80年代與90年代面對日本汽車傾銷美國市場時，福特汽車公司與通用汽車公司聯手之下，他們在美國本土的汽車份額才沒有因為日本的廉價汽車的傾銷而一潰千里。

14．**把盡可能多的時間花在你的事業上**——作為老闆的你一天12小時、一星期5天為你的事業工作是最低要求。一天工作14小時到18小時也很平常，而在初創時期你一星期工作7天是最好了。作為創業者，你必須先犧牲家庭和娛樂時間，直到你事業站穩為止。只有在你的事業上軌道後，你才能將你的責任分給別人。

15．**要當機立斷**——從諫如流但最終決策還是得你自己做出。因為你是老闆，你得為你所創辦的企業的生存與發展負責，除非你雇用的是CEO。

16．**實話實說，少拐彎抹角**——委婉表達或傳遞你要表達的信息是禮貌，但是，並非所有的時候都得委婉表達，該直接說的話，你必須直接說出來。有時過於委婉的談話只會浪費彼此的時間。

17．**有錯認錯，知錯改錯**——不要怕承認自己的錯誤。犯錯不是犯罪，犯錯知錯而不改才是罪過。

18．**不要因為前面的失敗而裹足不前**——失敗是難免的，也是有價值的，從失敗中你是能夠學到正確的方法的。這就是我們通常所說的「失敗是成功之母」。

19．**發現此路確實不通，馬上轉向！**——如果你發現你正在採用的某種方法確實行不通，你最好立即放棄那個方法並找出一個可行的方法。你知道，世界上有無數的方法。與其將你寶貴的時間浪費在那些不可行的方法上，不如尋找出一個有可行性的方法去嘗試。如果愛迪生沒有經過上千次試驗和實驗，他是不可能成為你正在使用的電燈的發明人的。

20．**不要去冒高出你承受力之外的風險**——如果你能損失得起100萬元，你可以繼續做你的事業，但是，如果你連2萬元都賠不起的話。那你一定要將你的允許損失金額控制在2萬以內或更少。要不，一旦真的虧損2萬元或更多，你必然完蛋。

21．**不要讓你的利潤空閒著**——當你獲得一筆可觀的利潤後，你不要考慮將它們都存到銀行裡去，當然也別想著將它們都花掉。你要做的是拿出其一的一部分或大部分（根據項目所需投入金額）去投資你看好的項目。

22．**請一位專業和有職業道德的律師做你的公司律師或法律顧問**——他/她會替你節約更多的金錢和時間，他/她為你所節約的時間和金錢比你所給予他/她的報酬將要多的多。

23．**你還要請一位精明的會計師**——在你的企業最初的時候，你可以自己記帳，但是如果你不是一個會計師，你最好還是請一位精明的會計師來負責你的財務。一個好的會計師可能決定你的企業成敗。關於會計師的重要性，用一句通俗的話講就是會計師是企業的「二當家」。如此重要的人和事怎麼不值得你花錢呢？

24．**務必請專家替你報稅**——一位機靈的稅務專家可以替你節省很多錢！

25．**身心健康最美**——保持健康的體魄和身心，在任何時候都能從容冷靜。

〈全書終〉

國家圖書館出版品預行編目資料

巴菲特投資神手／管唯中編著；初版 – 新北市；
新潮社文化事業有限公司，2023.09
面；　公分
ISBN　978-986-316-888-1（平裝）
1.CST: 巴菲特（Buffett Warren, 1930-）
2.CST: 理財 3.CST: 投資

563.5　　112010304

**巴菲特投資神手**

管唯中編著

【策　劃】林郁
【制　作】天蠍座文創
【出　版】新潮社文化事業有限公司
電話：(02) 8666-5711
傳真：(02) 8666-5833
E-mail：service@xcsbook.com.tw

【總經銷】創智文化有限公司
新北市土城區忠承路 89 號 6F（永寧科技園區）
電話：(02) 2268-3489
傳真：(02) 2269-6560

印前作業　菩薩蠻電腦科技有限公司

初　　版　2023 年 09 月